RESTZEIT

ULRICH KELLERER

RESTZEIT

Wie Du das Beste aus Deinem Leben machst

Bibliografische Information der Deutschen Nationalbibliothek
Die Deutsche Nationalbibliothek verzeichnet diese Publikation in der Deutschen Nationalbibliografie; detaillierte bibliografische Daten sind im Internet über http://dnb.dnb.de abrufbar.

Coverbild: frankie's/ Shutterstock.com
Herstellung: BoD – Books on Demand, Norderstedt
ISBN 978-3-9819859-3-1

Inhalt

Momente sind alles was wir haben
Wir erinnern uns nicht an Jahre oder Monate
Wir erinnern uns nur an Momente

Die Kunst des Lebens besteht darin, den Moment zu genießen. Er ist alles was wir haben. Das Leben ist eine Reise zu sich selbst und wer sich auf diese Reise begibt, wird ein spannendes Leben führen. Die größte Herausforderung ist, sich selbst auszuhalten.

Man steht mit sich auf und geht mit sich ins Bett. Dazwischen treffen wir andere Menschen wie Familie, Freunde, Arbeitskollegen. Wenn Du Dich nicht gut aushalten kannst, fällt es schwer die anderen auszuhalten.

Es ist daher wichtig, wie Du in den Tag startest. Deine Einstellung zum Leben ist entscheidend. Wenn Du dann noch eine positive Ausstrahlung hast, bist Du auf dem richtigen Weg zu einem erfüllten Leben.

Triff die richtigen Entscheidungen und sei der Kapitän Deines Schiffes »Leben«. Wenn andere Dein Leben bestimmen, wirst Du nur ein 2nd Hand Life leben. Tritt raus aus Deiner Komfortzone und tritt ein in das Wunder genannt »Leben«.

Wir haben nur dieses eine Leben und daher verschiebe nichts auf Morgen. Das Morgen ist unsicher und gestern ist vorbei. Nur das Hier und Jetzt zählt. Wer immer sagt, dass er dann dies und jenes machen wird, verschiebt sein Leben auf später.

Wir haben für alles einen Plan.

Das wichtigste ist Dein Leben.

Mache hierfür einen Master Plan!

Wo komme ich her und wo will ich hin?

Was sind meine großen Träume im Leben?

Wie will ich diese Träume verwirklichen?

Wer kann mir auf Ihrem Weg behilflich sein?

Was ist mein Großes Warum im Leben?

Lebe ich meine Bestimmung oder bin ich noch immer auf der Suche?

Steht meine Familie zu mir?

Habe ich Freunde, die mich bei meinem Vorhaben unterstützen?

Habe ich einen Beruf oder habe ich eine Berufung?

Selbstfindung

Es fängt alles mit dem Bewusstsein an und sich bewusst zu machen, was wirklich wichtig ist in Deinem Leben. Danach musst Du in Aktion treten und Deine Pläne und Ziele umsetzten.

Bist Du der Schöpfer Deines Lebens und hast es in der Hand Dein Leben nach Deinen Wünschen zu gestalten?

Fang an Dein Leben mit tollen Erfahrungen und Momenten zu füllen und freu Dich auf jeden einzelnen Tag. Sei kreativ und habe Spaß auf der Reise Deines Lebens. Wenn es Dir gut geht, dann leistest Du auch einen Beitrag für andere, denn wir sollten unsere Bestimmung leben und als Mensch menschlich sein. Ein gelungenes Miteinander lässt uns den Sinn des Lebens erfahren und gibt uns die Kraft das Geschenk ›Leben‹ in vollen Zügen zu genießen und erleben.

Was hilfreich zur Motivation fürs eigene Leben ist sind die Geschichten anderer Menschen, die die Momente des Lebens positiv gemeistert haben und uns ein gutes Beispiel geben.

Lass Dich von den folgenden Geschichten inspirieren und die Lebensmomente miterleben:

Eine Geschichte, die ich in meinen jungen Jahren erlebte, hat sich extrem stark in meiner Erinnerung festgesetzt. Mein Vater war Lokalredakteur in unserer Stadt im Süden von München und seine Arbeit war sein Leben. Die Zeitung war für ihn alles was er immer wollte. Die Arbeitszeiten waren jedoch lang und er rauchte täglich 60 Zigaretten. Er wurde immer heiserer und er war nur noch schwer zu verstehen. Einen Weg zum Arzt lehnte er kategorisch ab und so kam, was kommen musste.

Als er endlich zum Arzt ging, war die Diagnose vernichtend: Kehlkopfkrebs!

Er sei viel zu spät gekommen sagten die Ärzte und eine sofortige Operation unerlässlich. Die Operation wurde kurz darauf in München durchgeführt.

Zufällig hatte unsere Schulklasse in dieser Zeit eine Fahrt zur Oper nach München geplant. Für mich die passende Gelegenheit, mich von der Klasse unauffällig zu entfernen und mich auf den Weg in die Klinik zu meinem Vater zu machen.

Als ich ihn frisch operiert in seinem Bett sah war ich völlig schockiert. Er hatte ein Loch im Hals und versuchte irgendwie zu sprechen. Es kam kein einziger Laut raus nur Luft.

Mein Vater wurde ebenfalls panisch, als er merkte, dass ich ihn nicht verstand. Sprachlos seiner Stimme beraubt, die in seinem Leben das wichtigste war, lief hier ein Horrorfilm ab. So sehr ich mich auch bemühte, ich konnte nicht verstehen, was mein Vater mir sagen wollte.

Geschockt und völlig fertig rannte ich den Krankenhausgang entlang zurück zu meiner Klasse.

Mein Vater jedoch war ein starker Kämpfer und so gelang ihm mit der Zeit wieder Mittels einem Gerät zu sprechen und sogar zu telefonieren.

Aber die Krankheit war zu weit fortgeschritten und er verstarb leider nach einer starken Leidenszeit ohne Hoffnung.

So war ich mit 18 Jahren bereits ohne Vater und konnte ihn nie mehr um seinen Rat fragen, bei all den Entscheidungen, die in meinem jungen Leben anstanden.

Nun entwickelte ich die Fähigkeit auf meine innere Stimme zu hören und auch meine Intuition wurde geschärft.

Irgendwie kam ich mir immer geführt vor und da war mehr als nur ein Gefühl von Zuversicht und Bestimmung. Da ich selbst siebenmal in zwei Jahren im Krankenhaus war mit der Diagnose »akute Bauchspeicheldrüsen Entzündung« und diese Krankheit mich zwei Jahre zuvor ins Koma brachte, hatte ich dort dieses Nah-Toderlebnis, was das Schönste war was ich je erlebte.

Da waren Farben und eine Musik, die es hier auf der Erde nicht gibt und ich kam an ein Tor und eine Stimme fragte mich, ob ich durch das Tor gehen möchte oder zurück ins Leben.

Sofort wusste ich, dass muss Gott sein und es war so herrlich, dass ich umgehend durch das Tor gehen wollte. Aber ich war sechzehn Jahre alt und wollte diese Geschichte meinen Eltern und meiner Freundin erzählen.

Wie durch ein Wunder bin ich nach vier Tagen im Koma aufgewacht und war zurück im Leben. Seit diesem tollen Erlebnis habe ich keine Angst mehr vor dem Tod, nur noch vor der Todesart. Da ist soviel mehr um uns und in uns, dass sich niemand fürchten muss.

Natürlich konnte ich durch meine vielen Krankenhausaufenthalte die Schule nicht mit dem nötigen Abschluss beenden und das Leben nahm eine andere Richtung.

Ich bin überzeugt, wenn Du genügend Glauben und Vertrauen hast, wird das Leben Dich immer in die richtige Richtung führen. Sei mutig! Lass Dich auf das große Wunder LEBEN ein und genieße die Reise zu Dir selbst.

Nimm es mit Humor!

Das Leben ist zu kurz und nur wenn Du bewusst und intensiv lebst, wirst Du die Schätze des Lebens und die kostbaren Momente genießen können. Es ist nie zu spät mit etwas Neuem anzufangen und wenn Du auf die Stimme Deines Herzens hörst wirst Du so viele glückliche Momente haben, wie Du es Dir wünscht.

Höre lieber auf Deine innere Stimme, als auf die Meinungen anderer!

Du darfst Dein Leben nach Deinen Vorstellungen leben und solltest nicht immer es den anderen recht machen wollen.

Finde den richtigen Lebenspartner und gehe gemeinsam mit ihm durch das Abenteuer LEBEN.

Motiviert und inspiriert Euch gegenseitig und erkennt, dass die Liebe die größte Kraft auf Erden ist.

Gib Liebe und Zuneigung und Du wirst ebenfalls geliebt werden.

Das Leben schreibt die besten Geschichten.

Lass Dich darauf ein.

Viel Vergnügen!

Lebensaufgabe

Finde heraus, was Deine Aufgabe im Leben ist. Sei mutig und vertraue Deiner inneren Stimme. Sie begleitet Dich das ganze Leben und weiß immer ganz genau, was richtig für Dich ist. Ein treuer Weggefährte auf dem Weg zu Deinen Wünschen und Träumen!

Mach Dein Herz weit auf und inhaliere dieses neue Lebensgefühl. Lass Dein Leben zum Abenteuer werden und lass Dich nicht von anderen von Deinem Weg abbringen.

Du kannst alles erreichen und schaffen, wenn Du an Dich selbst glaubst und bereit bist die Extrameile zum Glück zu gehen.

So viele Menschen haben ihre Ziele verwirklicht und auch Du kannst alles schaffen. Jede Reise beginnt mit dem ersten Schritt und auf Deinem Weg wirst Du spannende Dinge erleben. Erfahrungen und Erinnerungen sind alles was wir mitnehmen.

Von dem Moment des Lebens schreibst Du Deine eigene Lebensgeschichte.

Wie beginnt Dein Tag?

Welche Gewohnheiten und Rituale hast Du?

Wie bewusst startest Du in jeden neuen Tag?

In einer von außen gesteuerter Welt selbst noch das Steuerrad des Lebens in der Hand zu halten, ist fast zur Ausnahme geworden. Wir sind alle Getriebene des Lebens und versuchen immer schneller in unseren Aktivitäten zu werden.

Nur nicht anhalten, nur nicht innehalten. Rushen und Weitermachen, koste es was es wolle!

Das Außen hat uns fest im Griff, obwohl wir wissen, dass alles Glück von innen kommt. Wer will sich schon konfrontieren womöglich mit sich selbst?

Also weitermachen – Augen zu und durch, bis irgendwann und irgendwo etwas passiert, was uns zwingt, den eingeschlagenen Kurs zu ändern.

»One Moment can change your Life! «

Dann ist plötzlich alles anders. Dann spüren wir Ohnmacht und Hilflosigkeit. Dann bedarf es Demut zu haben und zu vertrauen, dass alles ein gutes Ende nehmen wird. Warum muss immer erst etwas passieren, damit wir aufwachen und erkennen wie verwundbar wir sind?

Natürlich haben wir längst eine Fassade nach außen aufgebaut und natürlich können wir längst situationsbedingt auf den »Zirkus des Lebens« reagieren.

Wie aber fühlen wir uns dabei?

Wie weit sind wir von uns selbst abgerückt?

Wieviel Leben spüren wir in uns?

Uns aufzumachen, um in der Arena des Lebens mitzuspielen, die Logenplätze einzunehmen und Anteil haben an der großen Sache! Wir wollen schon, doch so vieles hindert uns daran. Da sind sie wieder die Ausreden, die uns ständig begleiten. Die Erklärungen weshalb und warum etwas nicht klappt oder möglich ist. Haben wir es wirklich versucht und wenn ja, wie oft denn? Geben wir nicht immer zu früh auf und haben die Antwort parat warum es nicht geht?

So werden wir immer passiver und genießen das Leben der anderen im TV, Magazin und YouTube. Wir flüchten in soziale Medien und posten nette Hochglanz Bilder schön positiv und lebensfroh. Ein Leben aus der zweiten Reihe.

Wie in der Schule! Nicht besonders auffallen und so mitschwingen. Das ist wie mit den Schiffen, die zur Hälfte der Zeit im Hafen liegen. Dafür werden sie aber nicht gebaut.

Mach also die Leinen los und segle in Dein Abenteuer LEBEN. Das wird Dich fesseln und zu neuen Erkenntnissen führen.

Da draußen ist so viel mehr. Wir fahren auf höchstens zwanzig Prozent unserer Kapazitäten. Wie bei einem technischen Gerät. Das meiste, was in der Gebrauchsanweisung steht, nutzen wir gar nicht.

Ängste und Zweifel halten uns immer zurück und unser Kopf Kino malt uns die schlimmsten Sachen aus. Neunzig Prozent unserer Befürchtungen treten niemals ein.

So was ist der schlimmste Fall? Es nicht probiert zu haben!

Das ist die Kernaussage dieses Buches.

Probiere etwas und es ist nie zu spät mit etwas Neuem zu starten.

Worauf wartest Du?

Auf den richtigen Moment?

Der kommt nie!

Starte jetzt und gehe voran. Nicht die Geschwindigkeit ist entscheidend, sondern, dass Du voran gehst. Du kannst die Richtung ändern, aber werde aktiv.

Beobachte nicht, wie andere leben, sondern gestalte Dein Leben jeden Tag neu.

Gehe mit gutem Beispiel voran. Wir werden alle von anderen beeinflusst und dennoch wissen wir so wenig von Ihnen. Unsere Wahrnehmung ist das, was hier den Unterschied macht.

Wir sehen Dinge so, wie wir sie gerne sehen wollen. Somit schaffen wir unsere eigene Realität. Was uns dabei hilft sind positive Affirmationen und Visualisierungen.

Schöpfer des Lebens

Ja stell Dir vor, was Du gerne hättest und gib Deinen Gedanken Kraft und Gefühl. So haben sie die Tendenz Realität zu werden. Deine Gedanken formen Deine Wirklichkeit.

Du bist, was Du denkst.

Sei daher Schöpfer Deines Lebens. Es gibt wenige, die daran Interesse haben, dass Du morgen Dein Leben selbst gestaltest und für Dich in Anspruch nimmst selbst zu denken und zu handeln.

Es ist besser, wenn wir alle funktionieren. Dann sind wir berechenbar und manipulierbar. Was wir denken, essen, konsumieren, glauben und wen wir wählen. Bitte berechenbar, damit alles unter Kontrolle ist! Nur nicht ausscheren aus der manipulierten Masse. Nur nicht selbst seinen eigenen Weg gehen.

Veränderung stößt andere vor den Kopf, denn sie wollen einen so wie sie ihn kennen und berechenbar einschätzen können.

Das Leben jedoch ist Veränderung!

Nichts bleibt so wie es ist. Nur durch Veränderung ist Evolution möglich. Wenn alles so bliebe wie es war, wäre das Stillstand und Tod.

»Sei die Veränderung, die Du in der Welt sehen möchtest« hat *Gandhi* gesagt.

Ja, diesen Beitrag leisten zu wollen und sich einbringen und Verantwortung zu übernehmen, hinzusehen und nicht wegzusehen.

Nicht denken:

»Naja, für mich wird es schon reichen.«

Zu denken, es wäre schön, wenn die Kinder auch mal was vom Planeten Erde haben und wir nicht alles vorher egoistisch zerstört haben. Wenn wir im Heute nicht achtsam sind mit den vorhandenen Ressourcen, werden wir alle kein Morgen haben.

Die Sonne scheint für alle, doch unser Leben ist Leasing, es ist uns nur geliehen.

Am Ende steht immer die Kasse und wir ziehen Bilanz was denn der Preis des Lebens war.

Das Leben ist ein Geschenk und Geschenke definieren sich nicht über den Preis, sondern über den Wert. Lebe ein wertvolles Leben, sei achtsam und habe Respekt vor dem Leben und ihren Lebewesen.

Alles ist möglich und Du kannst Dir das Beste oft nicht in den kühnsten Träumen vorstellen. Glaube an etwas und glaube an Dich, dann wird Dir das Universum die nötigen Werkzeuge an die Hand geben, um Dein Leben zu meistern.

Was wäre, wenn Du nur noch ein halbes Jahr zu Leben hättest? Was würde das ändern und was wäre dann für Dich wichtig und richtig?

Warte nicht auf Morgen!

Starte heute, starte JETZT!

Selbst kleine Dinge können große Veränderung bewirken und klein anfangen kann schließlich jeder.

Mache Dir einen Plan wie mit einer »To do Liste«. Schreibe auf, was Du ändern willst, was Deine Wünsche und Ziele sind.

Bis wann willst Du dieses und jenes erreichen und vor allem warum?

Wer kann Dich optimal auf diesem Weg unterstützen und vor allem hast Du den Mut zu fragen und um Hilfe zu bitten.

Soviel Menschen helfen gerne, wenn sie nur gefragt werden. Lebenserfahrung geben wir alle gerne weiter, aber Du musst fragen.

Nur so machen die anderen auf und helfen Dir dabei Deine Ziele und Träume zu erreichen. Alleine sind wir nichts. Wir brauchen die Unterstützung anderer. Wir sind nicht allein mit unseren Problemen, Ängsten und Zweifeln.

Wir alle strudeln auf dem Weg des Lebens und wir alle haben unsere ups and downs. Sie zu überwinden und den richtigen Kurs einzuschlagen ist die Aufgabe, die vor Dir liegt.

Never give up and continue!

Wie oft hattest Du das Gefühl, jetzt muss ich was ändern?

Mein Leben auf neuen Kurs bringen?

Was anderes machen?

Bedenken

Was hält uns immer wieder zurück?

Die sogenannten Bedenken, Sorgen und Ängste, dass es sowieso nicht klappen wird und dass wir uns lächerlich machen und es irgendwie nie funktionieren wird.

Hört sich so ein selbstbestimmtes Leben an?

Sind wir hier, um Angst zu haben oder ist es endlich an der Zeit »Ja« zu sich selbst und zum Leben zu sagen?

Wie weit hast Du Dich von Dir und dem Leben entfernt?

Ist es nicht an der Zeit, eine Kursänderung vorzunehmen?

Wenn das gelingt, liegt ein neues Leben vor Dir. Du bereust nichts und weißt: Jetzt ist alles richtig.

Zur richtigen Zeit am richtigen Ort zu sein ist die Kunst des Lebens im Hier und Jetzt. Kein Warten auf Morgen.

Starte jetzt mit etwas, das Du immer schon machen wolltest und vergessen hast, wie wichtig es für Dich ist.

»Go and run for it!

Deine Leidenschaft kommt wieder zurück und führt Dich nach vorne ohne Budget und Businessplan, sondern mit Freude an der Sache dabei zu sein und wieder selbstversunken an etwas arbeiten, das der eigenen Natur entspricht. Etwas mit und aus Liebe zu tun ist der große Unterschied zur Getriebenheit unseres Alltagslebens.

Wieder Farbe ins Leben zu bringen und auf der Staffelei seine Bilder zum Leben zu bringen.

Nicht auf Antworten der Medien warten, sondern die innere Stimme vernehmen, hinhören und instinktiv das Richtige tun, wie in der Natur. Das Leben hat einen Plan. Wer Äpfel sät kann keine Birnen ernten.

Was willst Du säen?

Selbstbestimmtheit?

Zufriedenheit?

Glück?

Gesundheit?

Berufung

Mache Dein Hobby zum Beruf und Deinen Beruf zu Deiner Berufung. Segle raus aus dem sicheren Hafen und entdecke die Welt. Die Zeit ist endlich hier auf dieser Welt, aber Du kannst es sein, ein Held.

Der Held Deines Lebens – mutig und stark – mit neuen Zielen für jeden Tag. Das Leben ist eine Reise und nicht nur zu sich selbst.

Mach Dir einen Masterplan für den Tag, die Woche, den Monat, das Jahr, für Dein Leben.

Was ist noch zu tun und zu erleben?

Was ist die Liste Deiner Träume, die noch erlebt werden wollen?

Was muss sich ändern, damit Du Deinen Herzenswünschen näherkommst?

Deine Gewohnheiten haben sich tief eingebrannt und werden automatisch wiederholt. Du kannst jede Gewohnheit durch eine neue Gewohnheit ersetzen, wenn Du mehr als drei Wochen das neue Verhalten ausübst.

Keine Angst vor Veränderung! Mut zu neuen Abenteuern. Es ist alles da, es liegt an Dir aufzubrechen, um all die Wunder und Glücksmomente zu erleben. Wie oft sagen wir uns, wir haben keine Zeit, kein Geld, um dies und jenes zu tun.

Die Verpflichtungen des Berufes und der Familie geben einem nicht den nötigen Spielraum, um neue Dinge auszuprobieren. Den Rucksack unseres Lebens haben wir selbst gepackt.

Wir können auch Dinge herausnehmen, um etwas Neues rein zu tun. Stehe eine Stunde eher auf oder gehe eine Stunde eher zu Bett.

Ändere Deinen gewohnten Lebensrhythmus für neue Dinge und Erfahrungen.

Wie hast Du in der Schule gelernt?

Durch Wiederholungen!

Wie prägst Du Gewohnheiten ein?

Durch Wiederholungen!

Wenn Dir etwas gelingt und Du erfolgreich bist, wiederhole es! Am Anfang ist alles schwer und wenn Du es automatisiert hast, läuft es scheinbar von selbst.

Wenn Du Deinen Rhythmus gefunden hast, ist alles nur noch »machen«. Du musst nicht mehr nachdenken. Es geschieht unwillkürlich.

Irgendwann fordert uns das nicht mehr heraus. Wir wollen und brauchen etwas Neues. Dafür muss man Platz und Zeit schaffen, um es in das bekannte Leben zu integrieren.

Es muss aus dem Innen kommen, um sich dann in das Außen zu manifestieren. Abwarten ist keine Option.

Die Welt dreht sich auch ohne uns weiter. Niemand wartet.
Steig ein und hab Anteil an Deiner
Lebens-Abenteuer-Geschichte

Do it!

Eine Sache jeden Tag bewirkt in fünf Jahren mehr, als Du Dir vorstellen kannst. Der Motor des Lebens wartet darauf, von Dir eingeschaltet zu werden und die Reise zu beginnen. Vorwärts treibt es uns und vorwärts ist die einzige Richtung, wie Du Dein Leben gestalten kannst.

Rückwärts geht es nur in Gedanken und Erinnerungen. Egal wie schnell Du gehst, Hauptsache Du bewegst Dich vorwärts.

Alles fließt, alles hat einen Grund und eine Ursache. Du müsst nicht spirituell sein, aber es würde Dir helfen, Dinge und Ursachen besser zu verstehen. Eingefahrene Bahnen und Wege sind bekannt und vermeintlich sicher, aber das Abenteuer beginnt auf Wegen, die wir nie vorher betreten haben. Die verschlossenen Türen lassen sich nur öffnen, wenn wir bereit sind Neuland erobern zu wollen.

Hinter dem Hügel liegt das gelobte Land, davor der beschwerliche Weg. Jeder Schritt bringt Dich näher ans Ziel und Dein Mut wird am Ende der Reise belohnt und nicht an ihrem Anfang.

Denke an den Mut der frühen Seefahrer und Entdecker und wie wenig konnten sie wissen, was sie erwartet. Wenn die Vision groß genug ist, kommt auch der Mut, diesen Weg zu gehen. Das heutige GPS zeigt uns überall auf der Welt wo wir sind und wie lange es dauert, bis wir am eingegebenen Ziel sind.

Unsere innere Stimme sagt uns, dass wenn wir auf sie vertrauen, wir auch an unser Ziel gelangen nur ist das viel spannender, weil nicht immer vorhersehbar.

Warum das Abenteuer nur im TV oder Kino konsumieren? Warum nicht den Film des eigenen Lebens drehen und erleben?

Es ist nur ein Leben und wie gesagt, es ist zu schnell vorbei. Darum bewusst erkennen, worum es geht und wie gesagt, für Neues ist es niemals zu spät.

Führe den Dialog mit Dir selbst und höre in Dich rein. Auf die Fragen Deines Herzens wirst Du immer die richtigen Antworten bekommen.
»Nothing happens without a reason! «

Wenn Dir klar wird, was Du alles mit Deinen Bedenken und Handlungen beeinflussen kannst, wirst Du nie mehr einfach so in den Tag leben.

Leidenschaft und Wille werden Dich vorantreiben zu nie geahnten Möglichkeiten. Alles geht, wenn Du daran glaubst und daran arbeitest. Das Leben liebt Helden. Sei einer davon!

Wer macht Dir denn den meisten Druck?

Du selbst, um Deine Erwartungen zu erfüllen!

Erwartungen von wem? Dem Arbeitgeber? Der Familie? Freunde?

Loslassen, Meditieren, Sport, Yoga, Powerwalking …

So viele Möglichkeiten gibt es Dir nützliche Dinge an die Hand zu liefern, damit Du in der Lage bist, ein powervolles selbstbestimmtes Leben zu führen. Auszeit, Sabbatical, Schweigekloster oder Jakobsweg.

Soviel was auf Dich wartet, um Dein Inneres wieder zu spüren und die Lust am Leben auszukosten.

Unsere Abhängigkeiten und Süchte wie Alkohol etc. stehen unserer Zielerreichung im Weg. Wir bleiben berechenbar und geben die großen Träume für die kleinen Sehnsüchte auf. Die innere Stimme jedoch meldet sich und es liegt an Dir, darauf zu hören oder sie zu ignorieren.

Vieles können wir nicht beeinflussen z.B. das Wetter. Jedoch wir können immer beeinflussen wie wir darauf reagieren.

Karma ist nicht was Dir passiert, sondern wie Du darauf reagierst. Eine Tür schließt sich und eine andere geht auf.

Hier heißt es, wohin willst Du gehen und warum?

Was treibt Dich an?

Was fehlt noch auf Deiner Liste des Lebens?

Mal sehen?

Weiß nicht genau?

Kommt darauf an? etc.

Nein wage Antworten sind nicht erlaubt!

Kein »Wischi Waschi«

Commitment

Die Amerikaner nennen es »Commitment«.

Nenne es einen Pakt mit Dir selbst.

Sage »ja« zu Deinen Träumen und Plänen und denke mal wirklich an Dich.

Nicht egoistisch gegen andere. Selbstbestimmt für sich selber »*Capitano della Vita*«. Kapitän Deines Lebens und dann GPS an und in Richtung neues Leben – neues Glück.

Wie herrlich fühlt sich das an und wie herrlich es endlich zu probieren? Wo warst Du so lange?

Was hat Dich aufgehalten und abgehalten?

Egal jetzt bist Du ja hellwach und mutig. Jetzt geht es also richtig los. Schritt um Schritt in die neue Richtung. Bravo!

Man sagt, man wächst mit den Aufgaben. Ich glaube Dein Mut verleiht Dir Kraft und Zuversicht, vielleicht auch Flügel. Solange noch Musik in Dir drin ist, spiele Deinen Song immer und immer wieder.

Das ist Dein neues Leben, das ist Deine neue Freiheit. Bald wird es so selbstverständlich wie es sein sollte und da ist noch etwas:

Liebst Du Geheimnisse?

Dann mache doch aus Deinem neuen Leben ein Geheimnis. Du musst nicht jedem erzählen, was Du vorhast und welche Träume Du nun realisieren willst.

Behalte dieses Geheimnis für Dich. Es ist Dein Abenteuer und Dein Weg. Wenn Du anderen davon berichtest, werden diese es Dir ausreden und 1000 Gründe finden, warum es nicht funktionieren wird. Andere wollen Dich haben, wie sie Dich kennen und beurteilen können. Bitte nicht jetzt umdenken, wegen Dir.

Also lieber ins Lächerliche ziehen und Dir eine Midlife Crisis andichten. Bleib bei uns, es ist alles gut, heißt: überschaubar und berechenbar.

Erstens kommt es anders und zweitens, als man denkt. Da fällt einem nicht was zu!

Die Natur, das Leben und das Universum funktionieren nach Regeln und Gesetzten. Es ist wie mit dem Wind. Du kannst ihn für oder gegen Dich haben.

Es gibt kein Zauberwort, aber eine Chance für alle, die etwas Neues probieren. Sei Pionier und Entdecker.

Hast Du schon einmal eine Fastenkur gemacht? Heilfasten? Über mehrere Tage nichts als Wasser und Tee. Vielleicht eine Suppe!

Hat Dein Körper nicht gezeigt, zu was er fähig ist und was er alles braucht oder nicht braucht? Du hast Dich danach sicher besser gefühlt.

Den Kampf gegen Dich selbst gewonnen? Klare Gedanken, stärkeres Bewusstsein und Einsicht, was wir alles so routinemäßig in uns reinschaufeln und zu uns nehmen.

Wie wäre es mal mit einer digitalen Diät?

Kein TV, E-Mail, Computer, Handy für sagen wir 5 Tage? Geht nicht meinst Du? Mal probiert? Wer sagt Dir was geht und was nicht?

Umsetzung

Neues Spiel neues Glück! Der Berg vor Dir erscheint riesig, aber mit jedem Schritt kommst Du dem Gipfel näher. Nicht aufgeben, es wollen und durchziehen, das ist der Plan.

Der Lohn wartet am Ende und nicht am Anfang. Keine Ausreden mehr wie zu alt, zu spät, keine Zeit, kein Geld etc.

Denke daran, wenn Du nur noch ein halbes Jahr hättest! Wie schnell würdest Du dann leben, denken, fühlen und alles in Dich aufnehmen?

Alles erkennen, kalt oder warm, wichtig oder unwichtig, dann endlich Prioritäten setzen was noch ins Leben passt und welchen Müll und Ablenkung Du Dir schenken kannst.

Alles oder nichts! Noch lebst Du!

Ja es muss manchmal ganz brutal gesagt werden.

Das hier ist keine Generalprobe. Du bist schon mittendrin im Rest Deines Lebens.

Die Uhr tickt und Du musst das Steuer Deines Lebens in die Hand nehmen, um am Ende sagen zu können »*I did it*!«.

Ja aus voller Brust. Nichts bereuen und sich sagen können: Ja ich habe gelebt!

Wird mein Buch erst Bestseller, wenn ich tot bin?

Egal, die Botschaft war immer größer als ich. Wenn Du nur einem geholfen haben, war Dein Leben lebenswert.

Aber warte nicht auf den Einsatz im Orchester, wenn der Dirigent es sagt. Sei selbst proaktiv und gehe mit gutem Beispiel voran. Mache es für Dich und mache es für andere.

Hauptsache Du machst es!

Wir glorifizieren oft unsere Vergangenheit wo wir noch schön und voller Energie waren. Die guten alten Zeiten. Heute ist alles so viel anders und schlechter.

Ein weiser Mann hat mir einst gesagt:

Yesterday is gone and doesn't give you one Dollar!

Ja gestern ist vorbei und ich hoffe Du hast es genossen. Aber heute ist jetzt!

Was machst Du heute? Pokale und Trophäen von gestern putzen oder einen Plan für morgen machen? Verschwende nicht Deine Zeit mit Sentimentalitäten von gestern.

Du bist heute ein anderer Mensch mit anderen Prioritäten. Du lebst jetzt mit einem anderen Körper, Geist und Seele. Nimm es an und Du wirst Deine Reise erfolgreich fortsetzen.

Schaue nach vorne und nicht zurück. Du kannst natürlich die tollen Dinge Deiner Vergangenheit noch einmal vor Deinem inneren Auge genießen und Dir zurück ins Gedächtnis rufen, aber denke an Morgen, während Du heute 100 % da bist und den Moment bewusst erlebst und genießt.

Was bleibt denn von der Vergangenheit? Wehmütige Erinnerungen an eine bessere Welt? Es war so großartig und schön?

Vielleicht nur, weil es jetzt vorbei ist und es nicht mehr weh tut und schadet.

Ja damals, … The good old times …

Aber Du weißt, es ist eine Illusion und wir erinnern uns nur so, wie es für uns passt. Du erinnerst sich nicht an Tage, Monate, Jahre. Du erinnerst Dich nur an bestimmte Momente.

Darum schaffst Du Platz im Hier und Jetzt für neue spannende Momente. Sei jetzt dabei mit Deinen ganzen Lebenserfahrungen.

Mutiger und bestimmter. Dein Leben wird Dir dann geben, was Dir zusteht.

Wer sich mit den Gegebenheiten abfindet, darf sich nicht wundern, wenn nichts mehr Aufregendes passiert. Haben wir uns als Jugendliche für die Sorgen und Nöte unserer Eltern interessiert?

Haben nicht auch die Nachkommen und die jüngere Generation ihre Denkweise? Das war immer schon so. Das ist auch nicht entscheidend.

Entscheidend ist, wie Du heute Dein Morgen gestaltest und wo Dein Platz im Leben ist.

Neue Generationen haben neue Antworten auf Dinge, die wir anders sehen. Am Ende wissen wir doch, dass wir alle denselben Weg, sprich Leben gehen und jeder hofft es besser zu meistern wie die anderen.

Die Frage ist und bleibt: Wie sehr bringst Du Dich ein, um das zu ändern, was Du geändert haben willst?

Bewusstsein

All die schnellen Befriedigungen wie Essen, Alkohol und Sex verursachen ein schnelles Glücksgefühl. Auf längere Zeit betrachtet wollen wir einen Sinn im Leben finden. Muss man leicht verrückt sein, um dies zu schaffen?

Sicher nicht, aber eine große Leidenschaft und Neugierde sollte schon vorhanden sein, um dieses Glück »Abenteuer Leben« zu erleben und mit spannenden Momenten zu füllen.

Positiv ist okay, aber beschwere Dich nicht später, dass es schon vorbei ist während Du noch auf alles von außen gewartet hast.

Wie gesagt, alles Glück kommt von Innen und Du musst Dich schon gut aushalten, um auf Deinem Lebensweg bestens zurecht zu kommen.

Wo immer Du gerade bist und was immer Du gerade machst, mache es ab heute im vollen Bewusstsein und mit Gefühl.

Nichts ist stärker, als die Leidenschaft für Sachen, die Du liebst und schätzt. Keine Erklärungen, keine Rechtfertigungen, einfach sein und machen.

Das Leben genießen vom Sonnenaufgang bis zum Sonnenuntergang. Wieviel ist dazwischen?

Nichts mehr auf Morgen verschieben, sondern alles im Hier und Jetzt zu erleben. Das ist die Formel für Dein neues Leben. Jetzt nicht abwarten, sondern den jetzigen Moment zu erleben und genießen, das ist es worum sich alles dreht.

Loslassen, sich einlassen und es zulassen. Das klingt so einfach und ist es auch.

Hast Du es je versucht?

Da es Dein Leben ist, würde ich es mal ausprobieren. Am Ende stellst Du noch fest, dass es Dir Spaß gemacht hat.

Man belügt sich immer nur selbst und rechtfertigten ist nie eine gute Wahl gewesen.

Also Vollgas in Richtung Leben. Mehr Abenteuer und mehr Erfahrungen da draußen im Dschungel des Lebens, um sich selbst wieder spüren zu können.

Natürlich ist das manchmal alles zu viel. Was heißt hier »manchmal«?

Eigentlich sind wir immer überfordert und es ist uns alles zu viel. Zu viel Programm, zu viele Wahlmöglichkeiten, zu wenig Focus.

Was sollen und können wir noch tun?

Ist »mehr« tun die Antwort?

Multipliziere Deinen Erfolg und dementsprechend vervielfältigst Du Dein Einkommen.

Welchen Preis Du letztendlich dafür bezahlen wirst, sagt Dir niemand. Innehalten auf der Autobahn des Lebens ist nicht angelegt und angesagt.

Selbstbestimmt

Hier sind wir wieder!

Wer sagt an, wenn nicht Du?

Probiere etwas Neues. Wage den Schritt. Sei nicht nur im Urlaub kreativ, wenn Du einmal im Jahr alles ändern willst und aussteigen willst aus der Tretmühle Deines Lebens.

Wir nehmen uns selbst überall hin mit, auch an den letzten Ort der Erde.

Du solltest mit Dir Frieden schließen im Inneren, um dann nach außen auszustrahlen was Dir wirklich wichtig ist.

Die Insel kann helfen, sich klar zu werden, was Du nicht mehr willst und was Du wirklich willst.

Dann musst Du handeln und die Träume umsetzen.

Wer hat denn schon so viele Möglichkeiten und Chancen, wie wir in der heutigen Zeit? Es darf doch nicht sein, dass wir für das nicht Erreichen unserer Träume ständig irgendwelche

Ausreden haben. Das Leben ist kein Konjunktiv.

Wir hätten es schon geschafft, wenn

Es funktioniert nicht, weil ...

Man braucht mehr Zeit ....

Man braucht mehr Geld ...

Das müssen wir nochmal überdenken

Bla bla bla!

Go and Run for it!

Das Leben ist immer »Now«!

Später könnte zu spät sein!

Abenteuer oder Last? Relax oder Last?

Unsere Sichtweise der Dinge ist entscheidend. Wir haben einen Körper, einen Geist und eine Seele. Sind das wirklich Einheiten oder macht jeder sein Ding?

Auf wieviel Prozent des Lebens fahren wir?

Wann wollen wir unser Potenzial leben?

Warum machen wir nicht dieses Abkommen mit uns selbst?

Was hindert uns wirklich und was ist unsere größte Angst?

Scheitern – Misserfolg?

Was denken die Anderen?

Was hält uns wirklich zurück?

Tiere denken nicht heißt es, aber sie folgen ihren Instinkten. Ist es nicht an der Zeit wieder auf unsere Instinkte zu hören?

Der rote Faden, der sich doch angeblich durch unser Leben zieht.

Wie oft sehen wir ihn nicht?

Sehen wir ihn überhaupt?

Lebensplan

Auch hier stellt sich die Frage:

Haben wir einen Plan – einen Lebensplan?

Passiert einfach täglich was passiert?

Wenn Du glücklich bist mit dem was Du hast, ist das wunderbar. Zu denken, dass es immer so sein wird, wäre schon sehr naiv.

Keine Erwartungen, keine Enttäuschungen. Das ist richtig, aber dennoch wollen wir doch immer mehr und an unsere Grenzen gehen.

Da gibt es noch mehr? Was Neues? Was Anderes?

Das Leben ist ständige Veränderung und auch wir sind heute anders als vor zehn Jahren.

»Go with the flow«

Ja finde heraus, was Dich wirklich inspiriert und motiviert. Ein neues Hobby, Malen, Schreiben, Fotografieren, Sport, Ernährung, neue Liebe, neue Leidenschaft?

Was immer es ist, es liegt an Dir Dein Leben voll zu leben und Schöpfer Deines Tuns zu sein. Höre Dir die Geschichten von Leuten an, die das Leben nehmen wie ein Geschenk.

All die Abenteuer und menschlichen Tragödien, die uns zeigen, wie verletzlich wir sind und dennoch, was jeder Einzelne von uns erreichen kann, wenn er die Herausforderungen des Lebens annimmt und auf seiner Welle des Lebens reitet.

Es liegt alles so nahe zusammen:

– Erfolg und Misserfolg –
– Glück und Pech –
–Gesundheit und Krankheit –
– Sonne und Regen –

Wir wissen doch von Ying und Yang und, dass Licht und Schatten die zwei Seiten einer Medaille sind.

Wir wollen nur die Sonnenseiten des Lebens, aber dann ist plötzlich alles anders.

Ein Schicksalsschlag, ein Verlust, ein Ungleichgewicht, wo wir doch gerne alles immer unter Kontrolle haben möchten. Was sind denn die Regeln des Lebens?

Philosophen haben sich seit Jahrtausenden den Kopf darüber zerbrochen. Von Seneca bis Stephen Hawking haben alle ihre Meinungen kundgetan.

Es ist an der Zeit, dass Du selbst Antworten auf Dein Leben gibst und dankbar bist für so ein Leben.

Dein Beitrag

Was ist Dein Beitrag im Leben und was willst Du, dass man von Dir sagt, wenn Du nicht mehr hier bist?

Dann ist es nämlich zu spät ins Geschehen einzugreifen!

Daher lass uns im hier und heute versuchen, alles so zu machen, was uns wirklich wichtig ist und dann auch danach handeln.

Nochmal eine Seite in Deinem Leben und Deinem Buch des Lebens aufzuschlagen, bevor Du ins Bett gehst.

Nochmal sich aufzuraffen, um festzustellen, was will ich wirklich. So vieles zu tun, so vieles zu Bedenken, aber auch das Schiff Deines Lebens zu lenken.

Was ist aus der Menschheit geworden?

Was macht es für einen Sinn, wenn Kinder geboren werden?

Dein eigenes Leben läuft täglich und hoffentlich nicht einfach dahin. Vergleichen und sehen, was andere so machen ist legitim und kann man so machen.

Was nützt und hilft es Dir für Dein Leben?

Geben?

Nach Höherem streben?

Warum nicht?

Du hast nur dieses einzige Leben, egal was immer Du tust. Dein Geist, Körper und Deine Seele werden niemals ruhen.

Also starte klein aber fange an, so dass niemals jemand Deiner Sache entkommen kann.

Die Menschen lachen kaum noch, sind kaum noch vergnügt. Es braucht Alkohol und anderes, dass man was spürt. Sei trotzdem anders und gehe Deinen Weg. Für viele ist es längst schon zu spät.

Dann gibt es auch auf einmal das Wunder.

Ja, der krebskranke Freund hat beim letzten Scan Entwarnung. Da ist nach neun Chemotherapie kein Tumor mehr zu sehen. Monate des Kampfes, Hoffnung und Verzweiflung.

20 Kilo Gewicht verloren und nichts essen und nach der Chemo sich übergeben. Nun jetzt das Wunder! Der tödliche Tumor ist weg, wie auch immer. Jetzt heißt es das Leben, das wiedergegeben wurde, neu zu bewerten, zu erfahren und zu erfühlen. Noch einmal dem Tod von der Schippe gesprungen. Wie lange? Egal, ab jetzt zählt jeder Moment. Es zu begreifen und zu realisieren ist die Kunst des Lebens.

»I am still a live and for everything there is a prize «.

Totgeglaubte leben länger und auf alle Fälle intensiver. Wir müssen nicht so weit kommen, aber es wird uns wieder die Endlichkeit des Lebens aufgezeigt.

Wo ist unsere Lücke?

Wo können wir das Defizit ausfüllen?

Sicherlich nicht, wenn wir gelebt werden und aufgehört haben selber zu leben.

»Enjoy life and life gives back to you «

Lebenswille

Langsam kommen sie wieder. Die Kraft und Energie, auch Lebenswille genannt.

Bewusster leben, aufmerksamer sein, sich besser ernähren, bessere Kommunikation und zeigen, dass wir uns kümmern, um uns selbst und um die anderen.

Im Miteinander das Leben genießen und die Herausforderungen gemeinsam zu meistern.

Es ist soviel über Lebensplanung Zeitmanagement geschrieben worden. Auch mit wirklich einfachen Tipps kannst Du Dein Leben nachhaltig verändern.

Jeden Tag 30 Minuten an der frischen Luft spazieren gehen. Täglich 15 Minuten Mediation.

Zweimal wöchentlich Dinner Cancellation, kein Essen nach 18 Uhr und täglich drei Dinge in Richtung Deines Zieles – Aufgabe unternehmen.

Zum Beispiel wenn Du ein Buch schreiben willst dann könnten es drei Dinge sein:

1. Manuskript bei Verlagen einschicken
2. Pressrelease an Radiosender schicken
3. Sich mit anderen Autoren und Schriftstellern austauschen

Wenn Du täglich drei Dinge in Richtung Deines Zieles unternimmst, kommst Du dem Erreichen Deines Zieles immer näher.

Auch habe ich schon erwähnt, dass eine Stunde früher aufstehen, speziell in den Sommermonaten Deine Produktivität um 10-20 % steigern kann?

Sei daher einfach kreativ beim Gestalten Deines Tages.

Es gibt keinen perfekten Augenblick zu starten!

Jede neue Woche kann Grund genug sein, Deinen Tagesablauf neu zu planen und die Prioritäten neu festzulegen.

Es soll Spaß machen und Du gewinnst einen Überblick, was Du alles vorhast und schon erreicht hast.

Beim Festlegen Deiner Ziele und Tagesaufgaben merkst Du, dass Du immer mehr der Gestalter Deines Lebens bist.

Die Herausforderungen werden überschaubarer und Deine Erfolgserlebnisse immer größer. Mit Planung und etwas strategischem Vorgehen hast Du Werkzeuge an der Hand, die Dir bei der Durchführung Deiner Aufgaben helfen.

So kannst Du auch immer an mehreren Projekten gleichzeitig arbeiten und verlierst trotzdem das große Ziel nie aus den Augen.

Du bestimmst selbst, welches Pensum Du täglich erarbeiten willst. Auch kleine Schritte bringen Dich am Ende zu großen Taten. Es kommt nicht darauf an, wie schnell Du gehst, es kommt darauf an, dass Du gehst.

Bleibe in Bewegung und bleibe beweglich. Genieße die Reise und lerne täglich dazu, wie im Meer.

Welle auf Welle und alles bewegt sich. Schaffe Deinen eigenen Flow. Hole Dir Feedback von Menschen, die Du kennst und schätzt.

Dein Planer wird Dein Wegbegleiter durch das tägliche Leben und begleitet Dich bei all Deinen Projekten.

Was kannst Du täglich in Dein Leben einbauen, das Dir Freude macht und das Gefühl gibt produktiv zu sein?

Somit fangen Deine Erfolgserlebnisse im Kleinen an und begleiten Dich von den kleinen zu den großen Zielen mit immer sichtbareren Erfolgen.

Es wird Deine neue Gewohnheit werden, dieses Lebensjournal zu führen und Du kannst auch wie bei einem Tagebuch geheime Informationen, die nur für Dich bestimmt sind, einfließen lassen.

Ein steter, treuer Begleiter, der darauf wartet mit Deinen Ideen und Plänen gefüllt zu werden.

Somit schaffst Du auch die Voraussetzung für Dein erstes eigenes Buch, gefüllt mit den Geschichten Deines Lebens und Eindrücken und Abenteuern, die erzählt werden wollen.

Schon hast Du ein neues Hobby und bist im ständigen Dialog mit Dir selbst.

Du hast was zu sagen? Dann sag es auch!

Dein Programm

Gestalte Dein eigenes Programm und reduziere Media Konsum von außen.

Es ist alles in Dir vorhanden. Hole es raus und mache es lebendig.

Wenn Intuition und Planung Hand in Hand gehen wirst Du Großartiges vollbringen und Dir wird die Zufriedenheit gegeben, die Du suchst, um Dein inneres Glück zu leben.

Wenn Du dann noch den richtigen Lebenspartner an Deiner Seite hast, kann Dein Leben perfekt werden.

Lebe was Dich glücklich macht.

Höre Deine Lieblingsmusik. Singe und tanze zu Deinem Lebensrhythmus. Du wirst Master Deines Universums und bald dreht sich die Welt um Dich.

Fange an Deine Träume zu kommunizieren, visualisieren und zu realisieren.

Ab jetzt kann Dich keiner mehr stoppen.

Du willst es wissen und Deinem Journal anvertrauen und neue Dinge entdecken. Jetzt bist Du heiß und es gibt kein Zurück mehr in eine Welt, wo man so hineingelebt hat.

Jetzt hast Du das Ruder in der Hand und wartest voller Freude auf den nächsten spannenden Tag. Du weißt, dass Du ihn gestalten und verändern kannst.

Auf zu neuen Ufern!

Auf zu neuen Abenteuern!

Auf einmal bist Du mittendrin und das ist der Sinn.

Der Sinn des Lebens!

Nicht nur so halb, sondern voll!

Vorbei an Vergangenen nicht überlegen was irgendwann mal sein wird, sein könnte. Jetzt und nur jetzt alles zu geben und alles zu erlegen klingt einfach und ist es.

Wir waren jedoch immer zu beschäftigt, um das zu erfahren. Also was hat uns aufmachen lassen? Muss es denn immer ein Schicksalsschlag sein oder geht das nicht auch mit der inneren Stimme und Intuition?

Es geht immer, wenn Du es zulässt und hinein hörst. Du hast auch einen Schutzengel, aber willst Du das wirklich hören? Dem geht es schlecht, weil er immer für Dich da ist und Du glaubst nur bedingt, wenn überhaupt an ihn?

Da ist immer mehr da, als wir glauben und uns vorstellen können. Ein Leben dreidimensional! Da gibt es sicher noch mehr. Bleiben wir im Hier und Jetzt? Was willst Du ändern? Was kannst Du ändern und was musst Du ändern?

Es liegt an Dir die Fragen zu beantworten und die richtigen Entscheidungen zu treffen. Verschieben hast Du lange genug geübt. Nun ist es Zeit zu handeln. Ein Leben und zwar jetzt.

Wenn wir die Nachrichten hören dann wissen wir, wieviel Schreckliches in einer Woche passieren kann.

Die heilige Woche vor Ostern 2019 für die Christen zum Beispiel. Bei einem Brand stürzt das Dach der 850 Jahre alten Kathedrale *Notre Dame* in Paris ein und Tage später ein Anschlag in Sri Lanka auf drei Hotels und drei Kirchen mit 215 Toten und 500 Verletzten.

Alles Schicksal? Einzelschicksale? Schauen wir weg oder schauen wir hin? Was können wir beitragen, was ändern?

Aufmerksamkeit

Es fängt damit an, dass wir aufmerksam sind und die Dinge realisieren, die um uns herum passieren. Was immer so selbstverständlich ist und wo immer sofort Kritik und Urteil fallen, unter solchen Umständen werden wir wieder dankbar und demütig.

Verstehen können wir so vieles nicht und nie, aber im Kleinen anzufangen Mensch zu sein ist immer eine gute Option. Du kannst den »Worst Case« vielleicht nicht verhindern, aber Du kannst mit Deiner Einstellung und Deinem gelebten Vorbild so viel Positives auf dieser Welt beitragen.

In Depression zu versinken und sich sagen, was kann ich schon tun ist keine Option und Aufgabe beim Start.

Ein positiver oder negativer Gedanke braucht die gleiche Energie. Das Ergebnis jedoch ist zu 100 % verschieden.

Schlage Dich ich auf die Sonnenseite des Lebens und probiere alles mal mit Humor.

Denk Dir »Es ist alles nur ein Film« und Du gestaltest das Ergebnis.

Sei Dir Dein bester Freund, denn wie gesagt, Du musst Dich jeden Tag erneut 24 Stunden aushalten. Das könnte mit Humor und Spaß einfacher gelingen.

Wenn Du Comics, Comedy oder Mr. Bean gut findest, dann lachst Du doch auch über ihre schrägen Handlungen.

Nimm Dich und das Leben nicht zu ernst. Es ist soviel außerhalb und innerhalb von uns, dass wir es nicht schaffen werden, aus einem Leben schlau zu werden.

Live with the flow and let go!

Die Menschen lesen kaum mehr Bücher und mein erstes Buch habe ich freudig verschenkt und Widmungen geschrieben.

Es gab nicht so viele tolle Feedbacks.

Jemand sagte: »I wait for the movie! «

Also wenn immer Du denkst etwas für die anderen zu tun, dann denke an Dich und was Dir wichtig ist.

Die einen werden inspiriert sein und sie helfen Dir wirklich weiter. Die anderen haben mal wieder was anderes erwartet. Ja das habe ich mir anders vorgestellt, sorry!

Was machen die Leute, die Dich kritisieren? Selbst auch mal rausgehen und es probieren? Sicher nicht, sicher nie!

Eine Meinung zu haben und Kritik zu üben ist soviel einfacher. Man wird vieles los. Wenn Du Dein bester Freund sein willst, musst Du Dir oft selbst genügen und nicht auf das Lob der anderen warten und hoffen.

Künstler werden meist erst nach ihrem Tod berühmt. Sei trotzdem der Künstler Deines Lebens und warte nicht auf die Anerkennung von außen vergebens.

Wenn das Feuer in Dir brennt, setzt Du irgendwo auf einen Trend. Wenn der Erfolg kommt war alles richtig, wenn nicht, ist das Projekt nichtig.

Jedoch auch hier sollten nicht andere über Deinen Erfolg entscheiden. Du selbst sollst Dir immer treu bleiben. Was heute richtig ist, ist morgen vielleicht falsch. Es ist eine Frage der Wahrnehmung. Wenn es sich für Dich gut anfühlt ist es richtig.

Im Kontakt mit anderen Menschen, die Deinen Weg wohlwollend begleiten und versuchen zu verstehen, was Du zum Ausdruck bringen willst, liegt eine Kraft, die zum Kollektiv werden kann.

Schon Jesus sagte: Wo zwei in meinem Namen vereint sind, bin ich mitten unter ihnen!

Gemeinsames Brainstorming hilft soviel und die eingeschlagene Richtung mit Energie und Willen voran zu treiben und das Feedback, das man dabei erhält, ist essentiell.

Was fehlt?

Was fehlt denn wirklich zum Erreichen des Zieles?

Geld?
Zeit?
Ideen?

Bleibe dran und gehe täglich in Deine Richtung. Du wirst Dich wundern, wie weit Du in kurzer Zeit kommen kannst. Rückschläge und Entmutigungen sind normal und wenn alles einfach wäre, würden alle ihre Ziele erreichen.

Der Erfolgreiche macht, wie immer weiter und der nicht Erfolgreiche gibt nach ein paar Niederlagen auf.

Was wäre anders, wenn Du nur noch ein Jahr zu leben hättest?

Deine Prioritäten und Aktionen würden definitiv anders aussehen.

Warte nicht, bis Du keine Zeit mehr hast. Nimm die 24 Stunden, die es täglich nur gibt, wenn Gott will.

Bei der Gelegenheit Deine Lebenszeit sinnvoller zu nutzen, will ich Dir mit Rat und Tag behilflich sein und werde Dir ein paar Module an die Hand geben, wo Du wie mit einem Workbook näher an die Umsetzung Deiner Alltags- und Lebensziele kommen kannst.

Workout

Lass uns mit Modul 1 beginnen:

Workout für ein erfolgreiches Leben

Es sind nur zwei Dinge wichtig:

Aufmerksamkeit = Awareness
Aktion = Action

Wie Du in den Morgen startest, so wird Dein Tag. Starte also bewusst.

Wenn Du die Augen öffnest, sei dankbar, dass Du noch da bist.

Gehe ans Fenster. Öffne es und atme eine Minute bewusst ein und aus. Dann strecke Dich und mache ein paar Bewegungsübungen.

Anschließend kannst Du Dich entweder im Bad fertig machen für den Tag, Zähne putzen, Duschen etc. oder erst frühstücken.

Ganz wichtig: Überdenke eine Minute, welche fünf Sachen Du heute unbedingt machen willst, um Deinen Zielen näher zu kommen.

Fange nicht an gleich Dein Handy und Computer einzuschalten.

Schalte Dich erst mal sich selbst an und bringe Deine Wundermaschine Körper, Geist und Seele in Schwung und auf Betriebstemperatur.

Vielleicht gehst Du zum Bäcker. Mache alles bewusst und mit Freude.

Ein neuer Tag liegt vor Dir. Gestalte ihn nach Deinen Vorstellungen.

Wie kommst Du zur Arbeit?

Mit dem Auto, der Bahn, der Metro, mit dem Fahrrad oder zu Fuß?

Arbeitest Du von zu Hause aus?

Welchen Weg zur Arbeit wählst Du?

Um welche Uhrzeit?

Hast Du Vorgesetzte, Kollegen oder Angestellte?

Du kannst nicht Nichtwirken!

Also hinterlasse überall einen guten Eindruck. Achte auf die richtige Ernährung und vor allem trinke genügend Wasser.

Nun zum Thema: E-Mail checken

Die meisten Absender wollen etwas von Dir und machen die Sache auch oft noch wichtig oder dringend.

Hier die wichtigste Frage an Dich selbst:

Wie wichtig oder dringend es das für mich?

Setze Prioritäten und kommuniziere auch, dass Du nur maximal dreimal am Tag E-Mails beantwortest.

Bei den vielen Seiten E-Mail, die wir alle täglich schreiben, könntest Du ein Buch schreiben und Deine Gedanken an die Welt schriftlich machen.

Lass Dich nicht von anderen unnötig stressen und denke daran: Manchmal fängt es mit einer harmlosen E-Mail an und wir dann zum wilden Schriftverkehr.

Das ist nicht was Du willst!

Pausen

Kommen wir zu Modul 2:

Café- oder Lunchbreak

Pausen sind wichtig und werden wertvoll, wenn Du auch hier vorher entscheidest, wann Du eine Pause machst und mit wem.

Welches Gespräch willst in der Pause führen? Was an Nahrung und Flüssigkeit möchtest Du zu Dir nehmen?

Pausen sind dazu da, um zu regenerieren. Vielleicht wäre ein kleiner Spaziergang sinnvoll.

Atme bewusst ein und aus. Kannst Du für 10-20 Minuten Deine Augen schließen? Meditation oder kleiner Mittagsschlaf.

Sammle bewusst Kraft für die zweite Tageshälfte.

Nicht nur einen Kaffee nach dem anderen. Push Dich mental mit Dingen, die Dich wirklich interessieren.

Vermeide Klatschgespräche und lästere auch nicht über Vorgesetzte, Kollegen oder andere. Das bringt Dich nicht weiter.

Dein Körper, Geist und Seele sind ein göttliches Gefäß. Hab Acht, was Du da hineinfüllst.

Deinem Auto gibst Du auch nur das Beste Benzin. Für Dich selbst sollte es immer das Beste sein. Du haben nur das Beste verdient.

Es ist so wichtig, was für Gedanken Du hast, denn Deine Gedanken schaffen Deine Realität.

Halte Dich fern von negativen Menschen und negativen Gedanken. Versuche Dein Leben mit Freude zu leben und belohne Dich, wenn Du das erreicht hast, das Du wolltest.

Vertraue Dir jeden Tag ein bisschen mehr und genieße die Zeit, die Du bewusst mit Dir täglich verbringst.

Es wird sich dann Deine innere Stimme auch wieder regelmäßig melden und Du bekommst ein Gefühl dafür, was Dir guttut und was nicht.

Listen to your inner soul!

Dazu solltest Du Dir aber auch ein Stück entgegengehen. Sei wieder ein Abenteurer und versuche täglich was Neues auszuprobieren.

Zum Beispiel: Stehe im Sommer eine Stunde früher auf als sonst und genieße den Tag bevor es hell wird.

Sei dankbar, meditiere oder gehe 30 Minuten spazieren. Mache Sport oder lies 30 Seiten. Schreibe oder mache Fotos vom Sonnenaufgang.

Widme bewusst Zeit mit Dir selbst, um sich in Dir selbst zu erkennen und wohl zu fühlen.

Dein Masterplan:

Das Jahr ist zur Hälfte rum und Du hast das Gefühl, wieder nur hinter Deinen Zielen zurückzubleiben?

Ändere Deine Sichtweise. Sieh lieber, dass Dir noch sechs Monate für dieses Jahr bleiben, um Deine Ziele zu erreichen. Fang an!

Jedes Buch, das Du schreiben willst, hat 365 Seiten, wenn Du täglich nur eine Seite schreibst. Also in sechs Monaten 180 Seiten, was mehr ist als die meisten Bücher im Schnitt haben.

Also Druck weg und rein in die Action, wie beim Sport. Wenn Du die ersten Liegestützen machst werden es vielleicht 5-10 Stück. Mit Übung kannst Du das ganz schnell nach oben steigern.

Free your mind! Rein in den Tag!

Nicht die Last im Focus haben, sondern die Freude und das gestalterische Momentum.

Was Dir Spaß bereitet kannst Du an so vielen verschiedenen Orten tun und Du hast die Technik von fast überall auf der Welt zu kommunizieren.

Nütze Deine Quellen und genieße Dein Leben täglich, denn es ist das größte Geschenk, das wir haben.

Werde wieder Entdecker und Abenteurer und habe eine Vision für Heute und Morgen.

Es ist wie im Morgengrauen. Anfangs siehst Du nur Umrisse und Schatten. Wenn es langsam heller wird, siehst Du das Bild immer klarer.

Du siehst das Gesamtbild und kannst wählen wohin Du willst. Genieße diese Freiheit und tauche ein in das Bild, das Du Dir gemacht hast. Du bist der Schöpfer Deines Lebens und niemand sonst.

Du brauchst jedoch einen Plan. Es kommt nicht auf die Größe an, sondern auf das was immer Du auch planst, an der Umsetzung zu arbeiten. Egal wie klein und gering die Schritte sind, aber schaue in Richtung Deines Zieles. Täglich immer im Bewusstsein, das Ziel nie aus den Augen zu verlieren.

Es geht nicht um Geschwindigkeit, sondern um Konstanz. Wie bei einem Baum, wenn Du oft genug in die gleiche Kerbe schlägst, wird er eines Tages umfallen.

Jeden Tag gibt es weitere 24 Stunden für Dich, wenn Gott will. Sei daher produktiv und proaktiv. Gestalte jeden Tag etwas. Du wirst erstaunt sein, was Du heute in einem Jahr alles erreicht haben wirst.

Kannst Du Dich noch erinnern, wo Du vor einem Jahr warst? Siehst Du was Du alles bis heute von dort aus erreicht hast?

Vieles hättest Du Dir nicht vorstellen können. Heute kommt es Dir normal und selbstverständlich vor.

Du bist täglich ein Stück gegangen auf Deinem Weg und Du spürst die Kraft, die in Dir ist, noch soviel mehr zu erreichen.

So vieles was Du noch tun und erreichen möchtest.

Wo nur anfangen?

Schritt für Schritt!

Mit einem Plan!

Drei Dinge jeden Tag

Notiere konsequent mindestens drei Dinge, die Du täglich umsetzen willst und umsetzen wirst, um Dein langfristiges Ziel zu erreichen.

Es ist ein großartiges Gefühl zu sehen, dass nur mindestens drei Dinge täglich umgesetzt in der Summe solche großen Ergebnisse bringen.

Das ewige Aufschieben und unsere täglichen Ausreden hindern uns daran, Dinge anzupacken und zu Ende zu bringen.

Blocke Zeit für Deine Produktivität. Das kann früh morgens sein oder wann immer Du am Tag Deine Höchstform hast.

Lass Dich durch nichts ablenken mit Handy etc. Aus und rein in die Umsetzung!

Eine Stunde ohne Ablenkung an Deiner Sache arbeitend bringt außergewöhnliche Resultate.

Belohne Dich danach mit einer Dusche, einem Espresso oder einer kurzen Meditation. Bleibe aufmerksam und komme dann in die Aktion. Es fängt an zu fließen und Freude zu machen.

Was willst Du erreichen und vor allem warum, bis wann und wer kann Dir helfen?

Mache Brainstorming wer in Deinem privaten und beruflichen Netzwerk zur Verfügung steht, um Dir zu helfen Deine Ziele zu erreichen.

Da gibt es immer jemanden, den Du heute noch nicht auf Deinem Zettel hast. Wenn jedoch Dein Traum groß genug ist, findet sich auch jemand, der Dich dabei begleiten möchte und Dir gerne hilft.

Sei kommunikativ und erzähle der Welt was Dir vorschwebt und was Du brauchst. Du wirst Dinge wie ein Magnet anziehen, die Du nicht für möglich gehalten hast.

Öffne Deinen Kanal für Wunder und Ereignisse, die Dich zum Staunen bringen werden. Sei der Meister Deines Universums und spiele den Schöpfer. Das Abenteuer geht los!

Wenn die ersten positiven Gewohnheiten gefunden wurden z.B. jeden Tag drei Seiten schreiben oder dreißig Minuten in der Natur oder zweimal die Woche nach 18 Uhr nichts mehr essen, gewinnst Du Zutrauen zu Deinem Körper, Geist und Seele.

Das Entscheidende ist, Du merkst, dass Du der Gestalter Deines Tages, Woche, Monats, Jahres und Lebens bist.

Jetzt macht alles auf einmal seinen Sinn und Du wirst täglich kreativer und sprudelst nur so vor Energie und Ideen. Du fühlst sich unaufhaltsam und hast endlich wieder Spaß.

Wie gelingt es Dir diesen Zustand beizubehalten?

Nur mit Disziplin und täglicher Routine. Die Zeit, die Du für Dich selbst einplanst, ist wie ein Date: aufregend, spannend und inspirierend.

›Put more Life in your Life and you get more out of it ‹

Ja, investiere in den wichtigsten Menschen, den es gibt.

Dich selbst!

Lerne Dich täglich besser kennen und schätzen. Sei auf Deinem Weg ruhig egoistisch und probiere Dinge aus, die Dir guttun.

Das Leben ist eine Reise zu sich selbst und je eher Du dies akzeptierst, desto eher wirst Du Deine Ziele erreichen.

Wir denken oft, wir haben ja noch so viel Zeit, um alle unsere Wünsche und Träume zu realisieren.

Aber jeder Tag vergeht, ob wir etwas in unsere Richtung bewegt haben oder nicht. Wenn man mal in den »Flow« kommt, ist man wie im Fieber.

Man sieht wie man sich solange begrenzt hat und dass unser Denken und Grübeln uns im Weg stehen, um endlich ins Handeln und ins Tun zu kommen.

Agieren statt reagieren

In die Bewegung zu kommen und in den Moment, um zu leben. Nicht immer abwägen, ob es gut, richtig oder falsch ist. Einfach machen und genießen. Aus jeder Situation lernt man etwas und deswegen sind wir hier.

Immer neugierig bleiben wie ein Kind und ständig neue Erfahrungen zu machen, die einen weiter bringen in Richtung Lebensglück und Lebensaufgabe. Voran zu gehen und nicht hinterherlaufen. Uns stretchen in unserer Komfortzone bis das Unbekannte bekannt wird und uns wachsen lässt mutig sein und zu sich selbst stehen, das bewirkt Wunder.

Aber da sind sie wieder unsere Selbstzweifel:

Warum ich?

Wer soll das verstehen?

Es gibt soviel besseres und anderes!

Wieso soll jemand dafür Geld bezahlen?

Das Projekt ist nicht fertig und ausgewogen. Es braucht noch soviel Inhalt und Praxis.

Sollten wir nicht noch warten?

Später ist bestimmt besser, dann haben wir alles besser vorbereitet.

STOPP!

Es gibt ihn nicht, den perfekten Augenblick, um zu starten. Warten hilft Dir nicht. Gib Gas, wenn es möglich ist und Ausreden begleiten uns unser ganzes Leben.

Sei selbstbestimmt und fange an – wenigstens zu Leben! Sage Ja zu Dir selbst und lasse es geschehen.

Was außer Deinem kleinen irdischen Leben hast Du denn zu verlieren?

Starte jetzt und Du wirst sehen, alles bewegt sich und vieles auch in Deine Richtung. Also sage ja zu Deiner Reise, zu Dir selbst.

Was liegt vor einem? Warum scheint es so weit und unerreichbar? Welche Hilfsmittel gibt es, um den Zielen und Wünschen näher zur kommen? Babyschritte machen, aber gehen, ohne Ausreden und Unterbrechungen.

Jeden Tag die eine Seite schreiben und in sechs Monaten ist jedes Buch fertig!

Aber immer gibt es einen Grund, warum es heute nicht ging. Das aber nur, weil wir es zulassen. Wenn wir fokussiert sind und es uns wichtig genug ist, schaffen wir, was wir uns vornehmen. Den Plan und das Ziel immer im Kopf haben und es zur Aufgabe machen täglich etwas umzusetzen.

Drei Dinge täglich und auf lange Sicht verändert das alles. Mit etwas Mut und Vertrauen sich täglich zu überwinden etwas in Richtung seiner Zukunft zu tun und wieder Schöpfer seines Lebens und seiner Umstände zu sein.

Auf dem Vordersitz sitzen und nicht hinten! Vorangehen nicht schauen und abwarten. Wir warten genug in unserem Leben auf bessere Umstände Situationen und Lebenslagen.

Selbst die Führung zu übernehmen und proaktiv jeden Tag zu gestalten, das ist die Aufgabe und dafür lohnt es sich zu leben.

Immer sein Bestes geben und Vorbild sein, dann kommen wir schon zu den nötigen Disziplinen. Da ist GEDULD an vorderster Stelle.

Natürlich möchte man gleich loslaufen und spürt seine Energie und möchte ins Handeln kommen. Meistens jedoch ist es besser geduldig zu sein und die Dinge mit Bedacht und Übersicht anzugehen.

Es geht nicht um Geschwindigkeit. Es geht um Bewegung in die richtige Richtung. Jeder Schritt in die richtige Richtung bringt uns weiter. Jeder zu schnell angegangene Kilometer lässt uns den Kurs wieder korrigieren.

Wenn Du Deinen Rhythmus kennst, kannst Du jederzeit produktiver werden.

Wenn Du Deine Energie hochhältst, bist Du morgens, mittags, nachmittags oder abends am energievollsten.

Lieber morgens eine Stunde eher aufstehen und schon viel umgesetzt, als zu spät aufstehen und den ganzen Tag der verlorenen Zeit hinterherlaufen.

Die drei wichtigsten Ziele des Tages immer im Visier zu haben und Schritt für Schritt an deren Umsetzung zu arbeiten. Das Lästige des Tages zu erst.

Man kann den Frosch nur einmal schlucken.

Wenn das Unangenehme überwunden ist, kommen schon die Dinge die Freude machen. Jeder Autorenstepp gibt einem das Gefühl sich nicht wieder gedrückt, sondern es wirklich getan zu haben.

Die Geschwindigkeit bestimmst Du und auch wann und wo Du am produktivsten bist. Es zur Gewohnheit werden zu lassen, was zu tun, das ist der Plan.

Jeden Tag eine Seite und in sechs Monaten ist der Rohentwurf eines Buches fertig. 180 Seiten!

Jetzt kommt noch Gegenlesen, Lektorat, Cover und Marketing. Den Titel solltest Du von Anfang an haben. Mit den richtigen Menschen sprechen und los geht es.

Was hält Dich zurück?

Spielerisch in Richtung Abenteuer. Nicht zu perfekt sein zu wollen. Einfach machen. Was hast Du zu verlieren?

Das Ende schon am Anfang im Kopf haben. Visualisiere Dein Projekt und stell Dir vor, wie andere Dich beglückwünschen für Dein tolles Werk.

Zaubere ein bisschen und lebe in Deinem Traum jeden Tag ein bisschen mehr.

Da gibt es noch etwas Magisches:

ZUHÖREN

Ja, Du hast richtig gehört: Zuhören! Den Anderen sprechen lassen, warten bis er fertig ist und dann mit den eigenen Gedanken fortfahren. Einfach richtig ausreden lassen und konzentriert zuhören, ohne sofort darauf zu reagieren und eine Meinung zu haben.

Dieser Akt der Empathie ist es, was Dein Leben verändert. Interesse am Leben und den Geschichten der anderen zu zeigen macht heute den Unterschied. Keiner hat mehr Zeit für den anderen und dessen Geschichten.

Man ist mit sich selbst beschäftigt und es ist so wichtig, was im eigenen Leben läuft. Jedoch ist alles mit allem verbunden und je eher wir das akzeptieren und begreifen, desto eher können wir auch aktiv und interaktiv auf alles eingreifen.

Echte Anteilnahme ist mit das größte, was Du einem Lebewesen zu Teil werden lassen kannst. Selbst Pflanzen merken wie echt und ehrlich Du bist. Probiere es aus.

Sei geduldig und höre zu. Ein Funken der Liebe wird auf Dich überspringen und Dein Herz groß machen.

Dass Produktivität sich verbessert und erhöht, wenn man dranbleibt, scheint nur allzu logisch.

Wie in jeder Disziplin, sei es Sport oder Beruf, werden wir besser, je mehr wir immer wieder üben. Die 10.000 Stunden des ›*Malcolm Gladwell*‹ die zur Perfektion in jeder Disziplin führen, sind ein Gradmesser was erreicht werden kann, wenn man es sich zur Lebensaufgabe macht der Beste in seinem Fach zu werden.

Aber wie gesagt, wenn Gott will, gibt es täglich 24 neue Stunden, die wir sinnvoll nützen können, um unsere Ziele und auch Lebensziele zu erreichen.

Der Anfang ist schwierig und noch schwieriger das Dranbleiben an der Sache. Disziplin, Geduld und Durchhaltevermögen sind hier gefragt.

Sich selbst täglich zu überwinden und gar die Extrameile für seine Sache zu gehen, scheint schwer bis unmöglich. Dennoch ist es ja das, womit wir unsere Zeit füllen. Wenn wir zu vielen Ablenkungen von außen die Macht geben uns zu zerstreuen, dann laufen wir nur von A nach B.

Wie bei einem Baum. Wenn die Axt immer in dieselbe Kerbe schlägt, fällt auch der größte Baum eines Tages um. Bleibe immer fokussiert auf das Endergebnis auch wenn es sooft in weite Ferne gerückt ist.

Wie wenn Du morgen mit Tennis startest. Der erste Schlag scheint lächerlich, aber mit jedem weiteren Schlag kannst Du nur besser werden und vergiss bei alledem Deinen Humor nicht. Verbissenheit ist kontraproduktiv und bringt niemanden weiter.

Denke ruhig mal an *Mr. Bean* oder *die Simpsons.* Wie stolpern die von einer in die andere Situation und schaffen am Ende doch auch viel.

Gehen, nicht stehen bleiben ist die Devise und immer mal wieder innehalten und schauen wo man sich gerade befindet. Zuviel Aufgaben auf einmal erledigen zu wollen bringen nichts als Frust.

Wenn Du Deine Tagesziele erreichst, auch wenn es nur drei sind, erreichst Du auch Deine Wochen-, Monats- und Jahresziele.

Sprich mit Deiner inneren Stimme und lass Deinen Kreator und Schöpfer in Dir lebendig werden. Es ist alles da, es muss nur genützt werden.

Wenn Du ein paar Unterstützer für Dein Projekt finden kannst, sei es mental, finanziell oder als Feedbackgeber, dann bleibe auch motiviert im vereinbarten Zeitrahmen zu liefern.

Selbstbestimmt handeln zu können ist ein großes Geschenk und hilft Dir Deine Individualität zum Ausdruck zu bringen.

Wie schlimm wäre es, hättest Du nicht den Mut und Ehrgeiz Dich aufzuraffen, die Sachen, die in Dir schlummern der Welt zu präsentieren?

Wir haben nur dieses einzige Leben und wenn wir auch noch sooft wieder geboren werden, jetzt zählt das Hier und Heute und dieser Herausforderung sollten wir uns alle stellen.

Selbstzweifel

Letztlich sind es doch immer unsere eigenen Zweifel, die verhindern, dass wir mit Riesenschritten und erhobenen Hauptes uns mit Freude und Zuversicht die Verwirklichung unserer Träume realisieren. Wir müssen niemanden, der jünger ist oder sonst welche Voraussetzungen hat beneiden.

Auch sie haben Talente, die benützt und sichtbar gemacht werden sollten.

Der Lohn wartet am Ende der Reise und nicht an seinem Anfang. Erst beim Machen merken wir zu was wir fähig sind.

Wenn die Brücken unter Dir verbrannt sind, gibt es nur einen Weg und nur ein Ziel vorwärts, um es zu schaffen. Es nie probiert zu haben ist schändlich. Alles andere gehört zum Leben auch die kleinen und größeren Rückschläge.

Das Commitment, die Zustimmung zu Deiner eigenen Sache ist das entscheidende Momentum.

Wenn Du dieses Versprechen mit Dir selbst eingegangen bist wirst Du alles versuchen Dich und die Welt nicht zu enttäuschen.

Wir leben in einer Zeit, wo alle Ressourcen 24 Stunden verfügbar sind.

Bediene Dich im Supermarkt des Lebens und habe Spaß, wenn Du siehst, dass scheinbar unmögliche Dinge auf einmal möglich werden.

Der Held nimmt die Herausforderungen an und löst Aufgabe für Aufgabe. Hol Dir ruhig Verbündete im Geist in der Tat und auf Deinem Weg. Bitte um Hilfe, wenn Du welche brauchst.

Man wird Dich gerne unterstützen und behilflich sein, weil Menschen es toll finden, wenn jemand den Mut hat, sich aufzumachen aus der Komfortzone auszubrechen und ins Ungewisse reist.

Unser Leben ist eine Reise und letztlich eine Reise zu uns selbst, aber auf diesem Weg werden uns viele Weggefährten begleiten und uns helfen unser Ziel zu erreichen.

Es geht nie nur um uns selbst, sondern immer um alle. Wir sind eine Spezies Mensch und wir lernen alle voneinander. Wenn wir dann auch noch menschlich sind, haben wir verstanden, worum es auf diesem Planeten geht.

Viele Milliarden Menschen waren vor uns da auf diesem Planeten, aber nicht alle haben ihre Wünsche und Träume realisiert.

Sollen uns die, die ihre Träume umgesetzt haben Vorbild sein, nie aufzugeben auf dieser gemeinsamen Reise. Auch Du wirst geführt werden, wenn Du es zulässt und die Kraft in Deinem Inneren aktivierst.

Da ist soviel Energie, die darauf wartet in etwas Neues, Schöpferisches transformiert zu werden.

Vielleicht erschrickst Du ja jetzt ein bisschen, wenn Du feststellst, dass Du tatsächlich dabei bist, der Schöpfer Deines Lebens zu sein.

Wenn sich durch ein paar neue Gewohnheiten auf einmal Dinge ergeben, die Du noch vor kurzem für unmöglich gehalten hast.

Wenn auf einmal Dein Körper und Geist im Einklang schwingen und sich auch die Seele bemerkbar macht.

Wenn die Sinne geschärft sind und die Aufmerksamkeit so erhöht ist, dass man Dinge wahrnimmt, die früher nicht existent waren.

Wenn dann noch dieser Wunsch da ist, in Aktion zu treten und etwas zu bewegen was eine Freude bereitet und auch anderen guttut, dann ist es offensichtlich, man ist auf dem richtigen Weg.

Jedoch immer wieder werden wir abgelenkt, aufgehalten, kurzgehalten und verlieren den Drive, um die Projekte zu vollenden, die wir uns vorgenommen haben.

Aber mit jeder Seite mehr im Buch mit jeder Aktion mehr im Leben bewegen wir uns in die richtige Richtung zu einem erfüllten Leben, das Sinn macht und Sinn gibt!

Einfach weitermachen und den Focus auf das Endziel richten. Alles kann morgen vorbei sein und Garantien gibt es für nichts.

Aber zum wiederholten Male:

Es zählt, wenn man es versucht hat.

Wenn wir das nicht wagen, werden wir es immer bereuen, was wir alles versäumt haben. Der Kampf mit sich selbst ist der Größte und doch der Spannendste, wenn wir die Herausforderung annehmen.

Nicht immer fragen, was habe ich davon? Was bringt mir das? In jeder Höhle wohnt ein Drachen und mit jedem Kampf wird man stärker.

Sich Freunde und Verbündete auf dem Weg zu suchen, macht die Sache leichter und gibt das richtige Feedback.

Aber am Ende muss man ganz allein entscheiden.

It's your Life, Now or never – hat schon *Bon Jovi* gesungen und das ist die oberste Devise für unser Leben.

Es sollte nicht einfach so passieren. Wir sollten führen und dirigieren. Mit Mut, Kraft und Zuversicht, dann weicht auch das Hindernis zurück.

Probiere es aus. Jeden Tag ein Stück, es kommt sowieso kein Tag zurück.

Hier und Jetzt und voll mittendrin, dann spürt man das Leben dann macht es Sinn!

Innehalten – Mediation – Rückbesinnung

Überprüfen des Weges der Schritte und Entscheidungen. Innehalten und auf die innere Stimme hören.

Was hast Du in letzter Zeit geträumt? Nimmst Du Kontakt auf zu Deinem höheren Selbst und hörst auch auf das Kind in Dir?

Viele Signale und Zeichen sind immer da, um Dich zu bestärken.

Da draußen ist mehr als wir denken und meinen, aber wir wollen nur der Vernunft vertrauen. Wenn Du verliebt bist, bist Du einfach nur glücklich und weißt auch nicht genau warum.

Gefühle und Gedanken zulassen, die manchmal nicht in unser normales Leben passen.

Den Rahmen auch mal verlassen. Mit Gedanken etwas Neues schaffen. Träume auch am Tag und erlaube es Dir, Neues zu zulassen. Neue Menschen, Eindrücke, Aussagen, Länder, Philosophen, sich ausdehnen im neuen Terrain und neugierig sein wie ein Kind.

Die Augen nicht mehr verschließen und staunen, was es alles gibt. Das Leben ist ein Buffet und man muss sich nehmen, was einem gut tut.

Was weiter hilft, ist das Lesen von Biografien der Leute, die man bewundert.

Heute gibt es Podcasts und soviel Info zu allen Themen, die Dich interessieren. Wenn Du einen Weg beschreiten willst, so gibt und gab es immer schon einen, der das vor Dir getan hat.

Somit kann man sich an den Schritten derer orientieren, die diesen Weg gingen oder ihn aktuell auch gehen. Wir sind nicht allein im Universum. Es ist alles da. Es braucht nur diesen Plan zur Umsetzung und den Mut anzufangen.

Auch wenn die Zweifel schon wieder in die Ohren dringen es mal zu ignorieren was nicht geht und es probieren, probieren. So groß kann die Blamage nie sein und Menschen sind mit sich selbst beschäftigt. Morgen ist auch eine Blamage vergessen.

Für den eigenen Erfolg aber müssen wir an uns glauben und kämpfen. Nichts tun bringt uns nichts. Abwarten auch nicht. Bewegung in Richtung Ziel ist die Devise.

Go and run for it

Kleine Erfolge zeigen uns, was im Großen möglich ist. Dranzubleiben, wenn man sich überhaupt nicht in der Lage sieht es zu einem guten Ende zu bringen.

Weiter zu machen, wenn alles in einem sagt:

Stopp!

Das bringt doch nichts. Wer soll das lesen und hören wollen und es auch noch gut finden?

Ja, es ist ein einsamer Job und dennoch ist er es wert jeden Meter zu gehen. Weiter zu gehen. Weiter zu machen ohne Garantien, was jemals dabei rauskommt. Den Mut zu haben, nicht aufzugeben und eine Nachricht zu hinterlassen, die so vielen Menschen helfen kann zu verstehen, dass wir alle unsere Probleme haben und wir nicht allein sind, auch wenn wir uns oft so fühlen.

Nochmal den Satz zu ändern, nochmal versuchen, klarer zu sein, nochmal alles umzuwerfen und versuchen es in eine bessere Form zu bringen, ja das ist der Walk of Life und wir bekommen täglich genug Zeit, die Dinge in die richtige Richtung zu bringen.

Ausreden helfen uns nie und wenn wir an eine Sache glauben, wird sie auch gelingen.

In der heutigen Zeit können wir auf soviel Hilfsmittel und Informationsquellen zugreifen. Von Google bis Wikipedia. Das Internet hat mit YouTube, Tutorials und Amazon soviel Einrichtungen für jedermann, dass es Spaß macht, sich eine Sache rauszusuchen und daran zu arbeiten.

Soviel Vorarbeit ist bereits geleistet worden. Wir müssen der Sache nur noch den richtigen Rahmen verpassen. Es gibt nicht den perfekten Augenblick zu starten.

Heute ist besser, als morgen und wenn Du dranbleibst, kannst Du in einem Jahr mehr schaffen, als Du Dir jemals erträumt hast.

Jeden Tag neue Gelegenheiten Deine Träume zu verwirklichen.

Also, auf geht es:

»Do Something«! »Do it Now!«

Wenn Du wüsstest, dass egal was Du tust, Du nicht scheitern kannst, was würdest Du dann tun?

Also probiere es aus, auch ohne Netz und doppelten Boden.

The only way is up! So what? Try it!

An dieser Stelle möchte ich kurz eine wahre Geschichte aus dem Jahr 1914 wiedergeben:

Einer der berühmtesten Erfinder der Weltgeschichte, Thomas Alva Edison musste zusehen, wie bei einem Großbrand, verursacht, durch eine Explosion, zehn seiner Gebäude verbrennen. Nur ein Drittel des Schadens wird von der Versicherung bezahlt. Doch noch schlimmer, sämtliche unbezahlbare Notizen und Prototypen sind dahin.

Was macht Edison? Er sagt seinem 24jährigen Sohn: »Hol die Mama. Es ist alles in Ordnung. Unsere ganzen Fehler verbrennen dort gerade und wir können nochmals ganz neu beginnen!«

Etwas später sagt er zum Reporter der New York Times: »Ich bin zwar 67 Jahre alt, aber ich werde morgen neu anfangen.«

Genau das tat er und legte am nächsten Morgen wieder los. Edison lieh sich Geld von seinem Freund Henry Ford, ließ die Werkstatt wieder reparieren und sein Unternehmen machte im nächsten Jahr den Rekordumsatz von 10 Millionen Dollar.

Eine sehr junge intelligente Eventmanagerin fragte mich vor kurzem, welches Buch ich mitnehmen würde, wenn meine Wohnung abbrennen würde und ich aus meiner Bibliothek nur ein Buch retten könnte.

Wow, endlich mal eine Frage, bei der man nachdenken muss.

Dann habe ich nachgedacht und sofort geantwortet: »Es ist das Buch von *Jack Canfield – Success Principles*«

Er ist nicht nur mein Vorbild, Mentor und Freund, nein ich durfte auch Coautor und CoProduzent bei seinem Lebenswerk »*Soul of Success*« sein. Buch und Film!

Aber wer die *Success Principles* anwendet wird 100 % Erfolg in seinem Leben haben.

Mit »*Hühnersuppe für die Seele*« hat *Jack Canfield* bereits bewiesen, dass hunderte von Millionen Menschen von seinen wahren und ergreifenden Geschichten bewegt waren.

Vorbild

Such Dir ein Vorbild und nimm Kontakt auf. Du wirst niemals wissen, was alles möglich ist, wenn Du nicht offen bist für das Außergewöhnliche.

Es gibt keinen Zufall. Dein Leben führt Dich ans Ziel. Sei bereit für großes.

Du weißt doch, es ist wie mit dem Eisberg.

Nur 10 % ragen aus dem Wasser und sind sichtbar. 90 % sind unter Wasser. Wie bei Deinem Unterbewusstsein. Wenn wir immer nur mit 10 % Sichtbarem zufrieden sind, werden wir nie erfahren, was das Abenteuer Leben für uns verborgen hält.

Bewusstsein schärfen, offen sein und neue Dinge ausprobieren. Das ist die Sache, auf die wir uns einlassen sollten. Immer wieder dasselbe. Aus Gewohnheit, aus Sicherheit, Bekanntes, Berechenbares – wirklich?

Dann auf einmal ändert sich alles.

»One Moment can change your Life!«

Zweieinhalb Jahre habe ich an diesem Buch geschrieben und Menschen, jung und alt zum Thema befragt. Was war Dein Moment, der Dein Leben positiv oder negativ für immer verändert hat?

Du triffst die Liebe Deines Lebens auf dem Bahnsteig. Du bekommst ein Jobangebot und gehst für 10 Jahre ins Ausland.

Ein Nahtoderlebnis. Eine Scheidung. Der Verlust eines geliebten Menschen. Alles kann in einem Moment anders sein.

Michael Schuhmacher, Lady Di, Christopher Reeves, aber auch *Ed Sheron*, der vor acht Jahren noch in der Fußgängerzone saß und heute zu den Top 5 der Musikindustrie zählt.

Alles ist möglich. Lasse es zu und glaube an Dich und das Universum und Dinge werden passieren, die Du nie für möglich hieltest. Den Focus auf seinen Lebenstraum zu richten und wenn es verrückt klingt, sich nicht abbringen zu lassen vom eigenen Weg zu sich selbst.

Mit Spaß und Freude daran zu arbeiten, dass es doch gelingen kann, was andere für unmöglich halten.

Warum Du?
Warum nicht?

Es ist die beste Zeit für Veränderung. Sei mutig, lege los und probiere aus, als ob Du immer noch Kind bist. Du bist ein Kind des Universums und steh Dir selber nicht im Weg, denn sonst ist es wirklich zu spät.

Fühle, was da drinnen für eine Kraft ist. Auch eine Stimme, die zu Dir gehört und so vieles sagt, sei offen und auch bereit. Es gibt so viele Möglichkeiten, hab keine Angst. Hör auf die Stimme und Du spürst was gut für Dich ist.

Viele haben nicht die Gelegenheit dieses zu tun.

Wenn Du fit bist musst Du es tun. Sei Vorbild für Andere und gehe mutig voran, dann gelingt das Unmögliche und Du bist ein Teil davon.

Zu spüren, dass sich doch was bewegt und auch zu verstehen, es ist niemals zu spät.

Aber Zeit ist eine Illusion, wie Albert Einstein schon sagt. Energie vergeht nie und wir sind alle Energie.

Wir haben also noch genügend Zeit für Pläne, Projekte und Traumerfüllung innerhalb der Lebenszeit zu starten. Nicht zu warten und es einfach tun. Vielleicht anfangs holprig, doch dann schon so viel besser.

Wir haben alles in uns, lassen wir es raus. Es ist eine Herausforderung auf Zeit und es zu tun bringt uns ganz weit.

Den Lebensplan zu strukturieren und sich der Lebensaufgabe bewusst zu sein, das ist es, was uns weiterbringt.

Keine lästigen *To-Do-Listen*, sondern das große ganze im Ziel zu haben, wie den Fixstern am Abendhimmel.

Das ist das Fernziel.

Für jeden Tag, Woche, Monat und Jahr brauchen wir Etappenziele.

So wie jede Woche am Montag neu beginnt, sollten wir bereit sein, unseren Tages- und Wochenplan vorbereitet zu haben.

Was sind unsere Prioritäten und was wollen wir wirklich an diesem Tag erreichen?

Drei wichtige Dinge täglich umzusetzen machen uns auf Dauer zum ›*Master of Life*‹ unseres Lebens.

Gewohnheiten

Wenn es dann noch gelingt, schlechte Gewohnheiten gegen gute Gewohnheiten zu tauschen, werden wir immer selbstbewusster und erfolgreicher. Da ist nur dieses eine Leben. Wenn wir das begriffen haben, finden wir auch den Weg, der zu uns passt. Mit jedem mutigen Schritt nähern wir uns unseren Zielen und Wünschen und Lebenszeit wird auf einmal als das Kostbarste der Welt empfunden.

Ja unsere eigene Lebenszeit ist das Wertvollste, was wir hier haben. Irdische Güter sind vergänglich und ersetzbar. Unsere Lebenszeit nicht. Dennoch tun wir alles, um uns die Zeit zu vertreiben und lassen jegliche Ablenkung zu, um uns nicht bewusst zu werden, dass der richtige Umgang mit unserer Lebenszeit der Schlüssel zu Glück, Harmonie und Erfüllung ist.

Wenn wir lernen, unsere Zeit hier auf Erden richtig zu nützen, dann wird uns auch alles wirklich alles gelingen. Selbst wenn schon viel Zeit verschwendet wurde, gibt es immer noch die Möglichkeit, die uns restlich gegebene Zeit sinnvoll zu nutzen.

Vergangenes ist vorbei und die Zukunft ist vage. Die Gegenwart jedoch das hier und jetzt ist unser Paradies.

Wenn es uns gelingt, den Moment zu leben und zu genießen, werden wir auch auf ein erfülltes Leben zurückblicken können. Beeinflussung von außen ist gut und wir können jedes Problem im Netz googeln, aber Du verfügst über das größte Wunder überhaupt.

Deine innere Stimme, Deine Intuition und Deine bisher gemachte Lebenserfahrung. Das ist so stark und mächtig und ist, wie bei Aladin, ein Flaschengeist, der Dir jederzeit zur Verfügung steht, wenn Du die Formel des Lebens kennst und befolgst.

Innen wie außen. Das ganze Universum ist in uns und wir müssen bloß wieder Kontakt mit unserer Basisstation aufnehmen und hierzu brauchst Du Vertrauen in Dich selbst.

Es ist alles da in unserer Welt. Coaches, Seminare etc. Es ist aber auch alles in Dir.

Es muss nur erkannt und aktiviert werden. Dein sog. »Calling« führt Dich auf den richtigen Weg, gehen musst Du ihn jedoch selbst.

Es ist aber Hilfe und Unterstützung auf diesem Weg und man sagt, ›wenn der Schüler bereit ist, erscheint der Lehrer‹.

Jetzt heißt es den für Dich richtigen Lehrer zu finden, Deinen Mentor und Spirit, der Dich berührt, mit all seinen Aussagen und Dich führt durch all den Dschungel der Möglichkeiten den richtigen Weg zu finden und ihn auch zu gehen.

Das kann lange dauern, sogar Jahre. Es ist wie eine ferne Expedition. Am Ende verstehst Du, dass Du Dich überall mit hingenommen hast und letztlich können wir alle nicht unserer Lebensaufgabe entkommen.

Wieviel besser ist es, wenn wir begreifen, dass wir keine Zeit versäumen sollten, uns auf den Weg zu uns selbst zu machen. Immer wieder Ausreden, immer wieder Ablenkung.

Nein, wenn Du das zu Priorität Nr. 1 in Deinem Leben machst, wird alles andere eben nicht so wichtig.

Du gewinnst so viel mehr Selbstrespekt, da Du Dein Versprechen einhalten wirst.

Wie stolz kannst Du sein, wenn Du Deine Diät durchziehst oder Alkohol abstinent für längere Zeit bleibst oder Deinen Sport pflegst?

Deine eigene Überwindung gibt Dir Kraft für mehr.

Es ist wie immer. Sobald Du mal die Aktivität mobilisiert hast und ins Tun kommst, ist alles anders.

Wir reden vom Flow, vom Glücksgefühl, der Serotonin Ausschüttung beim Joggen.

Nein, den eigenen Weg zu gehen und dran zu bleiben, ohne zu wissen, was wird und kommt, ist die Bestätigung dafür, es gespürt und gewusst zu haben, dass der Lohn am Ende der Reise wartet und übergeben wird.

Die meisten anderen haben längst aufgegeben und sich in ihre Komfortzone zurückgezogen, mit Erklärungen und Ausreden, warum es nicht geklappt hat.

Das interessiert Dich als Gewinner jedoch nicht. Alles scheint absurd zu sein und alles ist komisch, aber Du denkst und weißt, dass es immer noch der richtige Weg ist.

Vieles scheint vergeblich und umsonst, doch weiß man nie vorher, ob sich all der Aufwand lohnt.

Trotzdem seiner inneren Stimme zu folgen ist das Vertrauten, das belohnt wird, wenn man durchhält, wofür wir angetreten sind.

Was ist es, was uns wirklich triggert und warum?

Was ist Dein Warum?

Was wollen wir ändern, erreichen, bewegen und dieser Welt hinterlassen?

Unser Ego oder wirklich vernünftige Sachen?

Wer setzt die Messlatte und wofür und warum?

Manchmal werden wir bescheiden, sind dankbar und kümmern uns nicht darum.

Da ist der Plan, da ist das Leben. Dann kommt es anders und vieles geht daneben und danach und trotzdem gerade darum kämpfen wir weiter und sind wirklich nicht dumm.

Das große, die Sache an sich, wir wollen es hinbekommen und vergessen auch nichts. Die Zeit läuft weiter und jeden Tag wird es uns klar, was es wirklich bedarf.

Dein Mindset, die Einstellung und das einfache Gefühl da draußen. Es gibt soviel was wir noch nicht verstehen und wir alle hoffen, wir können bestehen und so lange leben, wie es uns gefällt.

Dann kommt das Schicksal von uns nicht bestellt. Familie, Beruf, Gesundheit und Glück, vieles von allem macht uns verrückt. Wir wollen das Beste und funktionieren dann doch so, wie die Gesellschaft uns mag.

Das Gefühl uns zu ändern, den Mut für was Neues und alles ab heute und ohne zu bereuen.

Wie weit gehe ich, was sage ich dann doch? Wir sind oft zu einsam und fallen in ein Loch. Die Angst ist größer und kleiner der Sieg, aber alles ist im Umbruch und da ist dieser Krieg.

Wir wollen es nicht sehen und es ist alles so nah. Ein Tag ohne Leiden ist schon wunderbar.

Hinsehen statt wegsehen. Das sollten wir tun. Vor lauter wegsehen werden wir niemals friedlich ruhen.

Es geht uns alle an und die Zeit wird schon knapp. Es wenigstens versucht zu haben beruhigt uns im Grab. Sei ein Held und Hero und gib endlich Gas!

Alles andere ist wahr und wem bringt das was?

Nein, wie wir alle wissen, helfen die kleinsten Schritte und manchmal sind es nur Tritte. Hauptsache Bewegung und zwar dorthin, wo am Ende alles beginnt?

Der Kreislauf des Lebens wiederholt sich so oft, aber wir denken es ist alles wieder nur neu.

Das Wichtigste ist:

Blei Dir selber treu!

Keine Analyse und auch kein Protokoll erzählt Dir, was Du wirklich wissen sollst. Mach es alleine und glaube an Dich. Am Schluss bist Du schlauer und alle anderen verrückt.

Das Potenzial Dinge umzusetzen haben wir alle, aber unser Antrieb es zu tun wird von vielen Entschuldigungen und

Ausreden übertönt. Wir werden immer wieder von uns selbst aufgehalten. Dieses Zögern und Handeln zu durchbrechen ist das oberste Gebot, um unsere Ziele zu erreichen.

Dinge zu tun, die einem unangenehm sind, weil man nicht weiß, wie das Ergebnis aussieht, sind dennoch so wichtig, damit wir uns ausstehen und wachsen können. Einmal sein bekanntes Territorium zu verlassen. Wie in der Natur Wachstum oder Stillstand.

Die Angst vor Versagen ist normal. Den Mut zu haben, es dennoch zu tun macht uns erfolgreich und selbstsicher.

Es ist wie beim Sport. Durch ständiges Üben erreichen wir Resultate, die anfangs unmöglich schienen. Dein Leben als Abenteuer zu sehen und zu Leben ist die größte Herausforderung, die es gibt. Es ist nicht zu wenig Zeit vorhanden, wir nützen sie nur nicht richtig.

Mut zu sich selbst zu stehen und seine Träume und Wünsche zu verwirklichen lässt uns zu unserer ganzen Größe reifen. Unser Umfeld spürt, wie selbstsicher wir sind. Dann aber auch dranbleiben und nie wieder aufgeben, das ist die Maxime, für die es sich zu leben lohnt.

Be the best of yourself

wird zum Lebensmotto.

Immer daran zu arbeiten sein ›*very best*‹ zu sein und zu geben, lässt uns alles erreichen und ertragen. Wir müssen da sowieso durch, also warum nicht als Helden?

Jeden Tag erneut die Gelegenheit zu haben, innerhalb von 24 neu geschenkten Stunden etwas umzusetzen, was in unserem Focus liegt, ist schon sehr viel. Sicher sind da immer Zweifel und Ängste und man will ja immer alles hinterfragen, ob es was bringt oder nicht.

Einfach loslegen. Ein Bild malen oder den ersten eigenen Podcast ins Handy sprechen.

Wir lieben die Kinder, die täglich etwas Neues erfinden und sich selbst und spielerisch das Leben gestalten.

Auch wir sind große Kinder, die einfach mal loslegen sollten, ohne alles zu hinterfragen. Wir sind die Schöpfer unseres Lebens und wir haben ein Recht unsere Restlebenszeit auf Erden zu nutzen mit Dingen, die uns Spaß und Freude bereiten.

Es wird von selbst schlimmer. Für unser Glück und Wohlergehen müssen wir etwas tun. Wenn schon träumen, dann bitte groß!

Unser Denken bestimmt unser Tun. Wenn Du Dich auf Kinderwägen konzentrierst, wirst Du plötzlich jede Menge Kinderwägen sehen.

Unser Gehirn ist ein Muskel, den man trainieren sollte. Die Visualisierung und Imagination helfen uns, unsere Ziele und Wünsche vorstellbar zu machen und wenn Du dann genügend Energie hineingibst, entsteht daraus die notwendige Kraft, diese Ziele und Wünsche zu realisieren.

Du hast nichts zu verlieren, hier kannst Du nur gewinnen.

Probiere es aus. Jeden Tag, wenn auch nur für 20 Minuten:

Schließe die Augen und träume Dein Traumleben!

Du wirst dieses Experiment lieben und niemand kennt Dein Geheimnis. Es werden Dinge passieren, die Du nie für möglich gehalten hast.

Die größte Kraft liegt in unserem Inneren und Du hast ein Leben lang Zeit, diesen Schatz zu entdecken und für Dich und die Welt zu nutzen.

Alles was Du im Außen haben möchtest, musst Du zuerst im Inneren schaffen.

Wie ein Architekt, der erst die Vorstellung hat und sie dann zu Papier bringt und einen umsetzungsfähigen Plan entwirft. Sei der Architekt Deines Lebens und lasse Dir von Niemanden Deine Träume ausreden.

Du hast ein Recht auf Dein eigenes Leben und kannst immer beginnen etwas Neues anzufangen und auszuprobieren.

Jeden Moment kann sich alles ändern, positiv oder negativ.

Versuche mit großer Aufmerksamkeit Dinge zu erahnen, die im Umbruch sind.

Du hast Deinen Aladin in Dir. Deine innere Stimme verlässt Dich nie. Sprich mit ihr. Frage sie. Vertraue ihr und höre auf sie.

Intuition wird stärker, wenn Du Deinen inneren Gefühlen vertraust und folgst.

Abseits des Mainstreams seinen Weg zu finden und dann auch zu gehen, bringt die Erfüllung, die wir alle suchen.

Dazu braucht es Mut und Glaube. Die Macht es zu tun hast Du. Nur Zweifel und Ängste halten uns vor den großen Zielen und Träumen ab.

Du hast nichts zu verlieren, außer Dein Leben und das verlieren wir am Ende alle! Also, so lange wir noch etwas bewirken können, lass uns einen Beitrag leisten und der Welt was hinterlassen, was von Bedeutung ist.

Dem eigenen Leben einen Sinn geben anderen helfen ihren Sinn zu finden Mensch sein und ein selbstbewusstes Leben führen in der Gemeinschaft mit anderen, das ist alles, um glücklich zu sein.

Den Wegweiser fürs Leben gibt es nicht, aber erprobte Methoden und Wege, die es einem erleichtern, in dieser immer komplexeren Welt zu bestehen und zufrieden zu sein.

Es gibt so viele Vorbilder da draußen, also sei auch ein Vorbild für andere, indem Du Deine Erfahrungen und Dein Wissen weitergibst.

Dein Leben hat einen Sinn und Deine Taten gestalten Deine Lebensumstände. Wenn Du in einem freien Land lebst, hast Du so viele Freiheiten Deine Träume zu realisieren, dass ein Leben dafür kaum reicht.

Sei dankbar und setze Dich für Deine Ideale ein. Der Kompass des Lebens liegt in Dir. Nutze ihn und Du wirst an Dein Ziel gelangen.

Test

Du kannst jeden Tag einen Test machen. Nimm eine Situation, wo es scheinbar komplett anders läuft, als Du es Dir vorgestellt hast.

Eine Woche Urlaub, um 4 Uhr morgens stehst Du auf und fährst zum Flughafen. Der Bustransfer vom Parkplatz fährt vor Deinen Augen ab. Du erreichst dennoch ein Taxi und Dein Flug um 5.50 Uhr hat eine Verspätung von 2 Stunden, was am Ende aber dann doch 4 Stunden werden.

Flugzeit zum Urlaubsort nur 2 Stunden. Sonniger Tag und es fehlen 4 Stunden von Deinem verdienten Urlaub.

Die Frage ist hier: Wie gehst Du mit dieser Situation um?

Was kannst Du an dem Umständen ändern?

Nur Deine Einstellung und Geisteshaltung erlaubt es Dir, die Situation zu überdenken und zu meistern. Den Blutdruck nach oben zu fahren und sich aufzuregen bringt nichts. Es gibt viel Schlimmeres.

Dann siehst Du plötzlich einen Mann im Rollstuhl, der auch auf das Flugzeug wartet. Was würde er dafür geben, gehen zu können! Was sind da 4 Stunden warten?

Außerdem ist das auch ein Test, wie Du jetzt mit der Zeit im Flughafen umgehst. Es läuft der Screen mit den Nachrichten und Du liest die neuesten Umfragen, die sagen, dass Jugendliche 58 Stunden in der Woche am Handy sind. Das sind fast 8 Stunden täglich! Wieviel Lebenszeit wird hier sinnlos vergeudet und wieviel unnützer Content belastet unser Gehirn.

Hole Dir einen Kaffee und lies ein Buch. Schreibe Sie Geschichte über das Verhalten der anderen Passagiere. Schließe die Augen und entspanne Dich auch mit dem Kopfhörer und Musik und sei dankbar, wenn Du dann doch noch gesund am Urlaubsort ankommst.

Ja, Du hast wieder einmal live erlebt wie es ist, sich selbst aushalten zu müssen in einer Situation, die so nicht geplant war.

Das Leben hat immer die Kraft, uns etwas zu lehren und wir sollten uns nicht so wichtig nehmen, als ob das so unerträglich sei.

Andere in dieser Situation anzulächeln und vielleicht sehen, dass ein Baby ganz in Deiner Nähe all diese Probleme nicht hat und alle Eindrücke einsammelt, weil sie neu sind und sich dabei freut.

Ja wende Dein Gesicht der Sonne zu, dann fallen die Schatten hinter Dich. Im Film Deines Lebens bist Du Regisseur, Produzent und Hauptdarsteller.

Zeige was Du drauf hast und gib Dein Bestes. Du besitzt alle Anlagen und solltest Dich immer wieder selbst positiv überraschen.

Was hast Du schon alles erlebt und wieviel hast Du schon erreicht?

Da wirst Du doch auch mit Stresssituationen umgehen können, die nicht immer vorhersehbar sind.

Es ist eben immer die Art der Wahrnehmung, die unsere Wahrheit formt. Wie Du es siehst, fühlst und empfindest ist Deine Realität.

Der Mann im Rollstuhl und das Baby haben ein andere. Wir meinen immer alles passiert uns, aber die Sachen an sich sind neutral. Unsere Bewertung und Beurteilung machen sie zu dem, was wir sehen wollen.

Es ist eine Frage der Interpretation und dafür gibt es einen großen Spielraum.

Versuchen wir einmal anders zu denken und machen wir ein Spiel, bei dem wir mal in eine andere Rolle und Perspektive schlüpfen.

Wir können morgen anfangen ein neues Leben zu führen und unsere alten Prägungen hinter uns lassen. Im Buch »*Placebo Effekt*« von *Dr. Joe Dispenza* ist ausführlich beschrieben, wie weit die Neurowissenschaft heute ist.

Fest steht, Du bist der Schöpfer Deines Lebens. Nur allzu oft benutzen wir diese Gabe nicht und setzen die Kräfte, die uns zur Verfügung stehen, nicht ein.

Die sogenannte angezogene Handbremse verhindert, dass wir in den Flow des Lebens kommen und unsere Flügel ausbreiten und fliegen.

Ängste, Zweifel, Sorgen – das Gepäck ist so schwer, dass wir kaum von der Stelle kommen. Ballast abwerfen, Neuorientierung, neue Menschen, neue Eindrücke, neue Länder. All das hilft beim neuen Leben.

Sei mutig und habe mehr Vertrauen zu Dir selbst. Gib Deinem Film des Lebens Spannung und Abenteuer. Du bist nicht allein, andere haben das auch schon geschafft.

Dein Leben ist ein Wunder und zugleich ein Geheimnis. Genieße doch Deine einmalige Lebensform und gestalte immer wieder neue Situationen, die Du Dir in Deinem Inneren immer gewünscht und erträumt hast.

Nun kommen wir zum Wesentlichen:

Ja, ich war für Dich im Kloster und habe meditiert. Aber was habe ich wirklich verstanden?

Das möchte ich Dir am Schluss als Geheimnis des Lebens mitgeben.

Geheimnisse des Lebens

Es ist sehr einfach, man muss es nur verstehen und tun:

- nur 3 Dinge jeden Tag in Richtung zu Deinem Ziel
- 30 Minuten Spaziergang in der Natur
- 15 Minuten Mediation
- einem Menschen helfen
- Aufmerksamkeit leben
- jeden Tag einen Beitrag leisten
- Humor verbreiten
- Menschen zu motivieren
- sich selbst nicht so wichtig zu nehmen
- anderen helfen und sie unterstützen
- eigene Träume zu formulieren und zu leben

Aber was immer Du tust, um Dein Leben zum Besseren zu wenden, sei konsequent und beständig.

Einmal Training nützt nichts, einmal Lesen oder Schreiben auch nicht. Lasse Dein neues Leben von neuen Gewohnheiten beherrschen, die Dir ein erfülltes und reiches Leben vermitteln.

Jederzeit kannst Du anfangen, all das neue Wissen in die Praxis umzusetzen. Es ist ein Deal mit Dir selbst. Nur Du entscheidest, wie stark Du es wirklich willst. Einen Neuanfang zu machen und endlich auf die Überholspur in Deinem Leben zu gehen.

Yesterday is gone!

Tomorrow is unsure!
Now is the only thing we have!

Lass es uns tun und wir werden sehen, der Mut, Neues zu wagen wird am Ende belohnt. Wenn Du ein Schiff bist, das im Hafen ankert, solltest Du darüber nachdenken, dass Schiffe dafür nicht gebaut werden.

Mache die Leinen los und segele in Dein Abenteuer

LEBEN!

Dann kam sie die

Corona Pandemie

Das Jahr 2020 hatte hoffnungsvoll für viele angefangen. Der Übergang in ein neues Jahrzehnt, in dem große Wünsche und Erwartungen vor uns allen lagen.

Dann kam sie – die PANDEMIE

schon vor Jahren in Zeiten der Schweinegrippe und Sars prognostiziert.

Eine weltweite Pandemie, die Millionen von Menschen infizieren und töten kann oder wird. Die Menschheit erinnerte sich zum ersten Mal wieder an die Spanische Grippe vor einem Jahrhundert, als mindestens 30 Millionen Menschen ums Leben kamen.

Die Erinnerung an die Vogelgrippe kam hoch und von heute auf morgen gab es nur noch ein Thema zum ersten Mal weltweit CORONA. Das tödliche Virus, das die Welt über China, Wuang erreichte, könnte für jeden Menschen zur tödlichen Bedrohung werden.

Alle anderen Themen weltweit wurden dieser tödlichen Pandemie untergeordnet. Jetzt hieß es, größten Schaden an der Menschheit zu verhindern. Erstmalig haben sich alle Regierungen abgesprochen, wie man mit diesem tödlichen Virus, der sich auf dem gesamten Planeten verbreitet hat, beikommen kann.

Die erfahrensten Wissenschaftler, Virologen, Epidemiologen etc. wurden gehört und schon bald wurden Pläne und Richtlinien zur Eindämmung des Virus beschlossen. Ein weltweiter Lock down war die logische Folge und Ausgangsverbot, sowie Kontaktbeschränkung ein konsequenter Schritt, um die rasche Verbreitung des tödlichen Virus einzudämmen.

Hier appellierte man an die Vernunft der Bevölkerung und all die schrecklichen Bilder in den Medien und die angestiegenen Todesraten in Italien, England und New York haben jeden einzelnen erkennen lassen, dass es diesmal eine tödliche Pandemie ist, die jeden treffen kann.

Vorwiegend aber ältere Menschen und Menschen mit Vorbelastungen. Die Altenheime wurden für Besucher geschlossen und die Krankenhäuser habe ihre Intensivstationen bereitgehalten, für die tausenden von Fällen, die möglicherweise kommen sollten.

Panik und Angst ergriffen den Planeten. Jung und Alt, erstmalig waren alle betroffen. Die Regierungen ließen täglich über die WHO und das *John-Hopkins-Institut*, sowie das *Robert Koch Institut* in Deutschland die aktuellen Fallzahlen zur Corona Krise veröffentlichen.

Der letzte Laie wurde täglich von Wissenschaftlern belehrt, was dies für uns alle und für jeden einzelnen bedeutet. Die Welt stand zum ersten Mal gefühlt zusammen gegen diesen unsichtbaren tödlichen Feind namens »Corona«.

Das Leben kam zum Stillstand. Betriebe wurden geschlossen. Schulen, Kindergärten und öffentliches Leben – einfach alles.

Menschen blieben zu Hause – *Stay at home* – wurde zur weltweiten Devise und Homeoffice war nur angesagt. Die Angst und Panik der Menschen wurden größer und Regierungen aller Länder arbeiteten unter Hochdruck an einer Problemlösung.

Ein Impfstoff würde frühestens in 18 Monaten auf den Markt kommen und man warnte immer wieder vor einer zweiten oder gar dritten Welle.

Harvard erklärte sogar, dass uns diese Krise noch bis zu zwei Jahren in Griff haben könnte. Bill Gates hatte bereits vor zehn Jahren vor so einer weltweiten Pandemie gewarnt und gemeint, es könnte Millionen Menschen ihr Leben kosten, wenn man nicht einen Impfstoff findet, mit dem man sieben Milliarden Menschen impfen kann und muss.

Impflicht wurde ins Spiel gebracht und auch andere Einschränkungen für die Menschheit.

Eines wurde klar: Es wird niemals so sein auf diesem Planeten wie vor

Corona.

Was das für den Einzelnen und für die gesamte Menschheit bedeutet, konnte man nicht im Geringsten erahnen. Da es täglich neue Regeln gab und man alles versuchte um Ordnung ins Ungewisse zu bringen, verunsicherte viele Menschen noch mehr.

Soziale Distanzierung war der neue Trend und wer den Mindestabstand von 1,5 Metern nicht einhielt, wurde bestraft. Die Polizei war ständig im Einsatz, um die Umsetzung der angekündigten Maßnahmen zu kontrollieren.

Hinzu kam die permanente Ausstrahlung von Sondersendungen im TV zum Thema »Corona«.

Da war also dieser erstmalige weltweite Shutdown, der die Bevölkerung in ihrem Zuhause wegsperrte, um die Gefährdung der Ansteckung gering zu halten. Täglich weltweit neue Horrorzahlen und schlimme Bilder in den Medien. Stündlich wurden die Nachrichten im Radio und im TV verfolgt und hinzu kamen noch soziale Medien wie Facebook und YouTube.

Dann natürlich bald schon das andere Lager, das versuchte, mit anderen Wissenschaftlern und Virologen eine differenzierte Sichtweise der Pandemie aufzuzeigen.

Vergleiche mit der Vogelgrippe, Influenza etc. wurden angestellt. Der MAINSTREAM aber ließ sich nicht beeindrucken. Dies war zu groß, als dass man es auch anders sehen könnte.

Dann wurde schließlich auch noch ab Mitte April die Maskenpflicht eingeführt, die vorher verschiedentlich als nicht hilfreich dargestellt wurde. Aber jetzt waren die Masken ja da. Also, jetzt müssen sie auch beim Betreten eines Geschäftes, Friseurladen etc. auch getragen werden.

Erste Lockerungen des Shutdown wurden nach und nach gemacht und man durfte auch eine Kontaktperson außerhalb der Familie treffen und peu a peu gingen die Menschen wieder nach draußen und genossen die allmählich gewährten Erleichterungen und Lockerungen der strengen Regeln der Corona Krise.

Einzelhandelsflächen öffneten und die Städte füllten sich wieder mit Menschen. Take Outs mit Getränken und Speisen gab es bereits und man wartete auf die Öffnung von Biergärten und Restaurants.

Erste Reisewünschen wurden wieder laut und so etwas wie »Hoffnung« machte sich breit.

Das Positive, die Natur hat sich in den Monaten des Lockdowns ohne Flugverkehr und eingeschränktem Autoverkehr so sichtbar erholt, dass jeder es sehen konnte. Das Wetter war herrlich wie selten und die Ruhe unbeschreiblich.

Ja, man kann und sollte jede Krise auch als Chance sehen. Dinge neu und anders zu bewerten und Zeit zum Nachdenken gab es genug für jeden.

Wie soll denn das neue Leben nach »Corona« aussehen?

Was ist wirklich zu überdenken und auf den Prüfstand zu stellen?

Immer schneller, weiter und höher?

Noch mehr Konsum?

Oder doch einmal innehalten und das bisherige Leben einer gründlichen Inventur zu unterwerfen und nachdenken, was wirklich Sinn im Leben macht?

Jedoch auch hier stellt sich die große Frage:

Sind wir selbstbestimmt oder fremdbestimmt?

Wer sagt uns was wir wann, wie und warum zu tun haben?

Ist das bereits das neue Zeitalter mit noch mehr Technik und Überwachung des einzelnen Individuums zu jeder Zeit und jeder Ort?

Ist die Menschheit jetzt so gelähmt vor Angst, dass Aussagen der zweiten Welle im Herbst oder gar dritten Welle im Frühjahr das Leben des Einzelnen so verändert hat, dass Angst und Panik zu unseren Wegbegleitern des Lebens geworden sind?

Menschen, die vor anderen Menschen Angst haben und wir innerhalb kürzester Zeit unsere Umarmungen mit Eltern, Kindern und Freunden eingeschränkt oder aufgegeben haben, weil das unsichtbare tödliche Virus überall ist?

Vieles, was für uns alles selbstverständlich war, ist von einem auf den anderen Tag unmöglich geworden. Das Gefühl der grenzenlosen Freiheit auf einmal weggeblasen. Nicht mehr einfach eine Reise buchen und dorthin fliegen oder hinfahren. Absoluter Reset und Neustart.

Wie wird ein Leben nach »Corona« oder wie wird ein Leben mit »Dauer Corona«?

Welche alten Bahnen und Gewohnheiten müssen wir loslassen?

Was kommt nie wieder?

Aber auch, was ist ab jetzt möglich?

Welche neuen Gelegenheiten ergeben sich für uns und jeden Einzelnen?

Wie viele Menschen werden ihren Job verlieren?

Wie viele Existenzen werden zerstört?

Sind die Wirtschaft und die Politik stark genug, um das kommende Inferno in den Griff zu kriegen?

Was ist die Weltpolitik in der Lage zu tun für die Menschheit mit und nach Corona?

Für jeden von uns ist es Zeit für eine persönliche Bestandsaufnahme:

Wo stehe ich heute?
Wie war mein Leben bisher?
Wie soll mein Leben ab jetzt aussehen?
Was kann der Einzelne tun?
Was können wir als Gesellschaft und Gemeinschaft tun?

Das Wichtigste zuerst: Immer selbst zu denken. Wir haben die Fähigkeit zu denken und haben die größte Fähigkeit zur Kommunikation. Jetzt ist jeder Einzelne gefragt nachzudenken, was dies alles bedeutet. Was es mit uns macht, wem das nützt und wie stark wir in Krisen sind.

Die Menschheit war schon mit so vielen Krisen, Kriegen, Krankheiten etc. konfrontiert, dass sich auch jetzt die Frage stellt:

Wie gehen wir damit um, welche Rückschlüsse ziehen wir daraus, was sind die Konsequenzen für uns?

Jeder Einzelne sollte selbst denken, eine Meinung haben und diese auch vertreten. Im Zeitalter von Wikipedia, Google und Internet kann sich jeder ausreichend informieren und die Zeit sinnvoll nützen, um sich selbst ein Bild zu machen, was da so scheinbar »plötzlich« passiert ist.

Vier Dinge sind mir extrem aufgefallen:

- Diesmal ist es etwas was weltweit passiert ist und alle Medien berichten nur noch von »Corona«
- Sonst wurde wöchentlich für und gegen Alles demonstriert, vom Milchpreis bis zum Klimawandel – jetzt waren alle verstummt
- Selbst die Katholische Kirche hat das größte kirchliche

Fest »Ostern« vorbeiziehen lassen ohne Messen und Protest. Auch keine Botschaft, dass es Endzeit sei und Jesus wiederkomme
- Die Tatsache, dass vor zwei Jahren fast 25.000 Menschen in Deutschland an der Influenza starben. Da hat niemand irgendwelche Maßnahmen ergriffen oder die Bevölkerung versucht zu informieren oder gar zu schützen

Täglich sterben immer noch 8500 Kinder an Hunger. Das ist kaum eine Schlagzeile wert. Mir kommen da einige Zweifel.

Niemand hat es gewagt, seine Stimme zu erheben und die wenigen, die es in den sozialen Medien getan haben, wurden als Verschwörungstheoretiker verunglimpft. Man ist entweder links – rechts oder verrückt.

Der größte Computer, den wir haben, ist hinter unseren Augen. Das sogenannte Gehirn. Einschalten, falls vorhanden und selbst denken.

Der Austausch und die Kommunikation haben uns auf unserem gemeinsamen Weg hergebracht. Lasst und gemeinsam den Weg weiter gehen in eine selbstbestimmte und nicht fremdbestimmte Zukunft.

Wo ist die Generation »Y«, die Studentenbewegungen, die sonst auch immer sich für ihre Zukunft stark gemacht haben? Jeder verfügt über eine innere Stimme und Intuition, die uns sagt, was wir ändern müssen, um in dieser neuen Welt zu bestehen und um eine bessere Zukunft für alle zu erschaffen.

Die nachfolgenden Generationen haben ein Recht auf ein selbstbestimmtes Leben auf einem Planeten Erde, den wir verantwortungsvoll weitergeben in dem Bewusstsein

»Es ist genug für alle da!«

Be the change, you want to see in the world
(*Mahatma Gandhi*)

- Fangt klein an, aber fangt an, einen Beitrag für die Menschheit und den Planeten Erde zu leisten
- Bei aller Angst und Panik – es gibt da auch einen unsichtbaren Gott, der uns nie im Stich lässt
- Lasst uns die Krise als Chance nutzen, die Dinge zum Besseren zu wenden

So wird unsere
»Restzeit«
zur
»Bestzeit«

Danksagung

Mein spezieller Dank gilt meiner Frau Inge, die mich auch bei diesem Buchprojekt bis zum Schluss mental unterstützt hat und wenn es besonders schwer wurde, mich zum Weitermachen motiviert hat.

Dank möchte ich meinem Freund und Mentor Josef Schaaf aussprechen, der mir überhaupt erst den Weg in die Bücherwelt gezeigt hat, sowie Christa Beiling und Claudia Feldtenzer, die mir immer mit Rat und Tat für die Umsetzung des Buches zur Seite standen.

Mein besonderer Dank gilt meinem besten Freund Franz, der letztes Jahr mit nur 60 Jahren von uns gegangen ist. Er hat uns allen gezeigt, wie wichtig es ist, jeden Moment des Lebens zu genießen.

Danke an all meine Leser und Leserinnen, die dieses Buch gekauft haben und persönlichen Nutzen daraus ziehen.

Euer

Ulrich Kellerer